Rakkauden p...

Rakkauden päiväkirja

1997, 2010-2012

Mirka Salminen

Kannen kuva: Salminen, Mirka

Kustantaja: BoD – Books on Demand, Helsinki, Suomi

Valmistaja: BoD – Books on Demand, Norderstedt, Saksa

ISBN: 9789528007289

Jokaiselle itsensä etsijälle.

Sinulle,

joka kaipaat rauhaa ja rakkautta
ilman ainuttakaan ehtoa.

Rakkauden päiväkirja on
kommunikointia itsen kanssa,
armollista anteeksiantoa ajatuksissa
ja apuväline rakastaa itsensä ehyeksi.

Sisällys

8

Rakkaus on

Aito Rakkaus on ikuista.
Sillä ei ole alkua, ei loppua.
Se elää meissä jokaisessa
jokaisessa hetkessä
vilpittömänä, viattomana, puhtaana,
täytenä, kokonaisena,
ehjänä, ehdottomana.

Rakkaus
ei vaadi mitään, ei pyydä mitään,
ei tuomitse, ei arvostele,
ei arvota, ei rankaise,
ei syytä, ei syyllistä.

Rakkaus
on vilpitön.

Rakkaus
on kiitollisuus, lempeys, armo.

Rakkaus
on varmuus, rauha, tyyneys, terveys, ilo, hyväksyntä.

Rakkaus
on yksinkertaista, pyyteetöntä, ehdotonta.

Rakkaus
ei katso muotoa, ei ikää, ei kokoa, ei väriä, ei uskontoa,
ei tekoja, eikä tapahtumia,

sillä Rakkaus on *sisältö* – ajatuksen sisältö,
joka jokaisen muodon taustalla on.

Rakkaus
on aina läsnä
riippumatta yhtään mistään,

sillä Rakkaus on
rajaton ja ajaton,
kaikki esteet ylittävä,
kaikenkattava
lempeys, armo ja kiitollisuus.

Rakkaus
on tieto, jossa ei ole kysymyksiä, ei vastauksia,
vaan kaikki on ja saa olla juuri niin kuin on,

sillä Rakkaus hyväksyy jokaisen
juuri sellaisena kuin hän on
mitään lisäämättä,
mitään poistamatta,
mitään muuttamatta.

Sisältö ratkaisee

Rakkauden päiväkirja on kokemusten ja ajatusten avautumista armossa ja lempeydessä. Se on jokaisen oma, henkilökohtainen mielen matka Itseen ja Itsen kanssa – Rakkauden kanssa. Se on kutsu muistaa itsessään oleva aito ja pyyteetön Rakkaus.

Kuka sen on kertonut, kokenut ja kirjoittanut ei ole oleellista. Merkitystä ei ole myöskään sillä, missä roolissa kirjassa esiintyvät henkilöt ovat kirjoittajan kokemuksessa olleet, vaan merkitys on niillä rajattomilla mahdollisuuksilla, jotka kirjoitusten ja kysymysten kautta avautuvat katsottavaksi omissa kokemuksissa ja sisäisessä mielenmaisemassa.

Rakkauden päiväkirja on apuväline, jonka avulla lukija saa katsoa ja kohdata itsessä olevia mahdollisuuksia muistaa kaikenkattava varmuus ja valo, joka meissä jokaisessa on. Se on apuväline ja mahdollisuus katsoa avoimesti ja rehellisesti niitä Rakkauden muistamisen edessä olevia esteitä, joita mielen sopukoista nousee. Sillä kun näiden esteiden antaa ja sallii nousta pintaan katsottavaksi ja anteeksi annettavaksi, silloin niiden alta alkaa pilkahdella ja loistaa kaikenkattava kauneus, tyyneys, rauha ja ilo.

Rakkauden päiväkirja on sisäinen matka Itseen. Se on arkista ajatusten anteeksiantoa kirjoittamalla ja puhumalla – keskustelua Itsen kanssa päiväkirjakirjoituksissa, rakkauskirjeissä ja Rakkauden kanssa käydyissä keskusteluissa.

Nämä kolme erityylistä kokonaisuutta: kirjoitukset, kirjeet ja keskustelut esiintyvät päivämääräjärjestyksessä. Kirjassa tekstit, ajatukset ja kokemukset liittyvät yhteen yhdeksi erottamattomaksi kokonaisuudeksi, jossa sisältö ratkaisee.

Päiväkirjakirjoituksissa avaan tietyn hetken ajatuksia, kokemuksia ja tuntemuksia. *Rakkauskirjeet* kirjoitin enkeleille ja erinimisille auttajille niistä aiheista, jotka mielessäni kulloinkin olivat. Vastaukset sain sisäisenä saneluna ja kirjoitin ne kuulemani mukaan. *Keskusteluissa Rakkauden kanssa* puhun ääneen ajatuksia ja kokemuksia, jotka askarruttivat minua, joita katsoin itsessäni ja jotka olen halunnut nähdä laajemmalla ymmärryksellä, antaa anteeksi ja vapauttaa.

13

Keskustelut Rakkauden kanssa on käyty vuoropuheluna Rauhan Rannassa Pornaisissa Lea Tikkalan ja Harry Tuomisen kotona, missä sijaitsee myös Suomen Ihmeiden oppikurssin (IOK) keskus. Keskustelut käydään Lea Tikkalan kehon välityksellä, hänen ikään kuin nukahtaessa Lean oma persoona siirtyy sivuun, jolloin pyyteetön Rakkaus eli meille kaikille yhteinen Totuus puhuu Lean kehon kautta. Harry Tuominen on läsnä vuoropuheluissa Lean apuna. Keskustelut on nauhoitettu ja kirjoitettu auki nauhoituksista.

Keskustelut ja niissä esitetyt kysymykset ovat tienviittoja paluumatkalla Kotiin – Itsen muistamiseen. Ne ovat avaimia ajatusten ja uskomusten kyseenalaistamiseen, asennemuutokseen ja lempeyden laajenemiseen.

Kirjassa esiintyvät asiat, keskustelut ja tapahtumat ovat yhden ihmisen kokemuksia, ajatuksia ja tunteita tietyissä tilanteissa, tiettynä hetkenä ja jokainen mukana ollut on kokenut saman tilanteen omalla tavallaan. Kirjassa esiin tulevien asioiden avulla lukijan on mahdollista katsoa omia tunteita, kokemuksia, ajatuksia ja oloja toisen kokemuksien kautta turvassa ja rauhassa kirjaa lukiessa.

Rakkauden päiväkirja on syntynyt polttavasta tarpeesta purkaa mielen painolastia ja halukkuudesta vapautua ajatusten vankilasta, sisäisestä tuskasta ja kaipauksesta.

Matka Itseen on alkanut tarpeesta, halukkuudesta ja uteliaisuudesta muistaa, miten voin *olla sovussa itseni kanssa ulkoisista olosuhteista riippumatta*. Halukkuudesta ja kaipauksesta muistaa: Kuka minä olen! Kuka sinä olet! Kuka me olemme, yhdessä ja yhtenä.

Ihmeiden oppikurssi ja käytäntöön soveltaminen

Sininen paksu Raamatun näköinen kirja, jonka näin ensimmäistä kertaa vuonna 2009, pelotti. Se oli liian kallis, liian paksu, liian ties mitä, mutta samalla se kutsui. Luin ensin Gary Renardin kirjan *Maailmankaikkeus katoaa*, joka vastasi sillä hetkellä mielessäni pyörineisiin kysymyksiin ja samalla viitoitti tien *Ihmeiden oppikurssin* (IOK) pariin.

IOK on minulle Ilon, Onnen ja Kiitollisuuden kirja. Kirjaimista saa jokainen väännettyä haluamansa muunnoksen. Englanninkielisen *A Course in Miracles* -nimen voi myös kääntää kukin omalla tavallaan esim. Kurssi ihmeisiin. Mutta kuten Rakkaus keskustelussamme mainitsee: "Nimellä ei ole väliä, vaan sisältö ratkaisee." Vaikka alussa tuohon kirjaan liittyi kokemuksissani pelon ja puutteen sisältöä, se herätti myös kaipausta, uteliaisuutta ja kiinnostusta.

Ihmeiden oppikurssi viitoittaa tietä mielen muutokseen pelosta rakkauteen, epävarmuudesta rauhaan. Se on apuväline ihmissuhteiden parantumiseen ja syyllistämättömyyteen, itsensä ja sitä kautta jokaisen hyväksymiseen sellaisena kuin olemme. IOK ohjaa meitä kuuntelemaan sisäistä opastamme sekä huomaamaan ajatustemme lähteen – tulevatko ne pelosta vai rakkaudesta. Se auttaa meitä näkemään ja huomaamaan valintojamme ja valitsemaan uudelleen, jos niin haluamme. Pakkoa ei ole. Samaa uudelleen valintaa saa harjoitella tätä kirjaa lukiessa: Kumman kanssa tätä tunnetta, ajatusta, kokemusta katson? Pelon vai Rakkauden?

Ihmeiden oppikurssin johdannossa sanotaan: *Kurssin päämääränä ei ole opettaa rakkauden merkitystä, sillä se ylittää sen, mitä voidaan opettaa. Kurssin päämääränä on kuitenkin poistaa esteet rakkauden läsnäolon tietoisuuden tieltä, sillä rakkauden läsnäolo on sinun luonnollinen perintöosasi.*

Ihmeiden oppikurssin tavoin *Rakkauden päiväkirja* avaa tietä oivalluksille, laajemmalle näkemykselle, herkistymiselle, sisäisen Viisauden ja Oppaan kuuntelulle, anteeksiannolle ja luottamuksen vahvistumiselle.

Sekä IOK:n että Rakkauden päiväkirjan anti on auttaa havaitsemaan omia ajatuksiaan ja antaa rakkauden muistamisen edessä olevien esteiden tulla näkyväksi. Samalla, kun huomaamme esteen eli huomaamme reagoivamme, on meillä mahdollisuus pysähtyä, katsoa ajatuksiamme, antautua kokemukselle piilottelematta, peittelemättä, salaamatta itseltä mitään. Ajatusten huomaamisesta avautuu myös mahdollisuus valita uudelleen ja katsoa rehellisesti: "Tätäkö todella haluan?"

Ihmeiden oppikurssi ei ole perinteinen oppikirja, jota tulee noudattaa kirjaimellisesti, vaan se on enemminkin käytännön työkalu, kartta, opas, isoveljen kädenojennus, ohjenuora, viitta omaan sisäiseen hyvinvointiin, lempeyteen ja armeliaisuuteen itseä ja sitä kautta toisia ihmisiä kohtaan. IOK -kirja itsessään ei ole mitään, mutta sen soveltaminen käytäntöön ja oman elämän kokemuksiin – siinä on kaikki. Käytäntöön soveltaminen avaa tietä sisäiseen rauhaan ja hyvinvointiin pala palalta ja askel kerrallaan. Tämä käytännön prosessi on kokemusteni mukaan todella monimuotoinen ja edelleen jatkuva matka, mielenkiintoinen seikkailu ihmismielen syvyyksiin ja oman todellisen Itsen muistamiseen.

Rakkauden päiväkirja, kuten Ihmeiden oppikurssikin, on yksi tapa ja mahdollisuus soveltaa käytäntöön oman mielen tutkimusmatkaa, anteeksiantoa, rakkauden laajentamista ja ihmissuhteiden parantumisen ajatuksia.

Aluksi

Ne tilanteet, jotka on minulle tarkoitettu, tulevat eteeni.
Minä päätän, miten niihin suhtaudun.
Annanko vallan tilanteelle,
siihen kuuluville henkilöille tai tunteille
vai pyrinkö kohti sisäistä rauhaa.

Päästänkö itseni vapaaksi ja valitsen rauhan.

Haluan nähdä itseni veljissäni – jokaisessa.
Haluan antaa anteeksi ja nähdä hänet viattomana.

Elämän ilo pulppuaa minussa ja minusta.

PÄIVÄKIRJAKIRJOITUKSIA

Ensiaskeleet

3.8.1997

Tuulen kuiske korvissani
istun rantakalliolla
yksin
ja mietin.
Onko olemassa jotain pysyvää?
Jotain ajatonta?
Kaikki rajat ylittävää – ikuista?
Onko olemassa rakkautta?

Lintujen laulu aaltojen yllä.
Laineiden lempeä hyväily rantaviivassa.
Kukaan meistä ei ole yksin.
Ei tuuli,
ei vesi,
ei ruoho,
ei linnut.
Luonto on luotu yhdistämään, yhdistymään.

Miksi me olemme täällä?

Etsimässä itseämme,
jotta voisimme jakaa kokemuksiamme – osia itsestämme.
Jotta voisimme joka päivä oppia, antaa ja saada.
Jotta voisimme elää, yhdessä – haasteiden keskellä – onnellisina!

Tuskin koskaan tulen löytämään,
mitä sitten etsinkin.
Aina tulee olemaan jotain muuta, jotain enemmän.
Jotain, mitä tahdon kokea, nähdä, tuntea – elää.
Kasvaa minä tahdon – vahvistua henkisesti,
mutta pysyä kuitenkin avoimena,
ettei kaikki herkkyys ja hauraus katoaisi,
etteivät luonteen arimmatkaan piirteet täysin hautautuisi
suojakilpien ikuisiin syvyyksiin – kätkettyihin kammioihin.

Ihminen on haavoittuvainen.
Ei meidän kuulu liiaksi kovettua,
muutoin voisimme yhtä hyvin olla uurteina kallioissa.
Seistä liikkumatta veden äärellä
ja ottaa vastaan sen hellää hyväilyä
voimatta itse vastata sen kutsuvaan kosketukseen.

Tuskin uskallan hengittää,
ettei luonnon kauneus minua murskaisi.
Syvään hengittäen haen kuitenkin ilmaa keuhkoihini.
Etsin voimaa ja rauhaa luonnon keskeltä – sen herkistä piirteistä,
luokse kutsuvista väreistä, veden kimalluksesta,
lintujen värikkäästä viserryksestä,
auringon henkeäsalpaavista heijastuksista,
sen rauhasta ja hiljaisuudesta.
Ei tarvitse muuta kuin istuutua keskelle sammalmätästä
ja olla yhtä ympäröivän ihanuuden kanssa.

Se kuulee iloni ja suruni,
ymmärtää tuskani,
tuntee riemuni.
Se nauraa kanssani,
hymyillen se vastaa hymyyni.
Lempeästi kuuntelee murheeni.

Se heijastaa jokaisen mielialani – takaisin minulle
kai jollain tavoin uudenlaisena.
Saa minut näkemään paremmin, ymmärtämään, oppimaan.
Saa minut katsomaan itseäni – sisälleni,
kohtaamaan ongelmani.

Kuuntelija se on,
eikä sille kuitenkaan tarvitse puhua,
ei suutaan avata,
ei tarvitse lausua onttoja, kolisevia sanoja – ei selitellä.

Se on aina lähellä, aina tavoitettavissa,
auttamassa ja ymmärtämässä.
Ympäröimässä minut hellällä, pyyteettömällä hyväilyllään.
Sen sylissä on hyvä olla.

Onko jotain joka koskettaa,
muutenkin kuin kivullaan?

Onko jotain joka herättää
meidät itsemme näkemään,
sisimpämme huomaamaan
ja sitä seuraamaan?

Onko jotain joka avittaa
tuskamme iloksi muuttamaan,
huolet nurkkaan heittämään
ja jälleen nauramaan?

Onko jotain, joka tarvitaan
itseämme auttamaan?

Onko jotain, joka helpottaa
lukkojamme murtamaan?

Onko joku, joka uskaltaa
siltojansa kasvattaa
tunteitansa tunnustaa
ja jatkaa taivaltaan?

Avunpyyntöä, Armoa, Anteeksiantoa

9.1.2010

Hmmm. Miten niin äärimmäisen yksinkertainen asia
voi ajoittain olla niin vaikea toteuttaa?
Miksi kiukku ottaa vallan ja anteeksianto tuntuu mahdottomalta?
Ja kuitenkin tiedän, että minussa on kyky antaa anteeksi.
Uutta, outoa, opettavaa!
Hyväksy, että et vielä osaa.
Hyväksy, että olet oppilas.
Anna itsellesi armoa!

10.2.2010

Miten hiljenen,
miten kuuntelen,
miten kuulen,
miten osaan
anteeksi antaa?
Niin tehdä tahdon,
mutta yksin pysty en.
Siksi apua lakkaamatta pyytelen.
Voimaa ja viisautta mä tarvitsen,
jotta unohtaisin ja muistaisin.
Näkisin läpi harhojen
ja itseni mä löytäisin.
Itseni muistaisin.

23

Pelkään.
Jännitän.
Toivon.
Odotan.
Autathan minua!
Olethan kanssani!
Ohjaa ajatuksiani, ohjaa tekojani, auta ongelman keskellä.
Tahdon kuulla äänesi.
Tahdon muistaa Sinut jälleen.
Tahdon ilon, rakkauden ja valon.
Haluan olla kokonainen.
Nyt ja aina.

11.2.2010

Keho on väsynyt, olo on voimaton, saamaton.
Missä voimani on?
Jossain syvällä olo on puhdas ja viaton.
Sitä etsin, harhailen suossa kehoni oikkujen.
Miten näen läpi tuon
kehon ja egon hirveän suon?
Keveyttä kaipaan, energiaa, voimaa.
Mutta katsonko vain, halajan vain uutta harhaa?
Epävarmuus lyö lävitseni
huudan, harhailen, apuasi anelen.
Yksin osaa en!
Tule vierelleni, sisälleni, kulje lävitseni!
Ohjaa, kanna – suuntaa anna.
Pois pyyhkäise keho,
tekemättömäksi tee ego!

Egon haasteita on kaikkialla.
Se hiipii ja harhauttaa,
hyökkää yks kaks – odottamatta.
Sisäistä ristiriitaa se lietsoo, siitä se nauttii.

Miten rakkaimmat ihmiset voivat aiheuttaa
niin suurta ristiriitaa mielessä ja käytöksessä?

Haluan tehdä egon tekemättömäksi.
Tinkimättä, periksi antamatta,
mutta vahvasti anteeksi antaen – anteeksi antaen.

Antaen kaiken – saat.

Rauhoitu ja uskalla antaa.
Pikku hölmöläinen,
uskalla rakastaa!

Jykevän vankilan rakensin.
Sitä yksin osaa purkaa en.
Sen sisällä vain tuskailen.
Ymmärrä en.
Itseäni tunne en.
Ymmärrä en, siksi täällä harhailen.

Haen, etsin, tiedostan – iloa mä halajan.

Miten olenkaan itseni kätkenyt,
antamisesta luopunut, rakkauden hylännyt,
pimeyden puoleen kääntynyt.
Tätä halua en!

Vaikka harhailen,
sen tiedän kuitenkin
rakkauden tahdon takaisin!
Iloa – valoa – rauhaa lähelleni haluan.

Haluan antaa sen, mitä minulla on
hetken, avun, oppimisen.
Alussa olen ja harhailen,
mut oppia mä tahdon kaiken sen.
Ilon, Rauhan ja Rakkauden.

Viha ryöpsähtää ylitseni
salamana, äkkiarvaamatta,
nopeasti, tehokkaasti
aiheesta – ties mistä!
Suuri sen aiheen ei tarvitse olla, mutta osuva.
Miten pienet asiat, teot, sanat
– sanotut tai sanomatta jätetyt –
voivat aiheuttaa NIIN ison tunteen?!
Onko se hetki, joka vihan aiheuttaa,
oikeasti kaiken sen kaunan, riidan ja epäsovun arvoinen?
Mikä on tieni tyyneyteen ja rauhaan sisäiseen....?

1.4.2010

Kumpikaan ei jaksa, halua, viitsi
eikä vaivaudu panostamaan suhteeseen.
Toinen haluaa seksiä jatkuvasti.
Toinen ei lainkaan.

Paljon anteeksi annettavaa!

Miten saisin itseni ymmärtämään, että en ole keho?
Miten uskaltaisin antaa rakkautta?
Miten ylipäätään uskaltaisin antaa,
pelkäämättä menettäväni jotain?
Miten osaisin elää?
Miten osaisin antaa anteeksi?
Miten sisäistäisin anteeksiannon, hyvyyden, armon, laupeuden?
Miksi rakkauden pelko on näin suuri?
Miten osaisin armahtaa itseäni?

Armon ajatuksia,
pienen pieniä pilkahduksia
– valon vierailua – hetkittäin.
Miten hyvältä se tuntuukaan
kaiken tämän pimeyden keskellä!

Armoa pyydän, koska pelkään.
Armoa pyydän, koska en vielä osaa –
päästää irti, en uskalla vielä lentää.
Armoa pyydän, koska vajoan
syvyyksiin mielen pimeyden.
Sitä halua en!

Anteeksi antaminen,
oikeamielisten ajatusten muistaminen,
periksi antamattomuus – sitkeys.
Siinä on tieni, jota haluan kulkea
kanssa ikuisen ystävän,
auttajan, armon, rakkauden.
Yhdessä me löydämme sen!

Oma käytös

Hetki omia asioita, paluu ilman pehmustuksia, vastuu 100 % – heti.

Olipa syy mikä lie,
en osaa tulla takaisin omaan rooliini
ilman älytöntä, järisyttävää ja järkyttävää kapinointia.
Huutoa ja rähinää, tyhjänpäiväistä, tyhjistä asioista,
joilla ei ole merkitystä vaan asenteella on merkitystä.
Ja – näissä tapauksissa asenne on pahasti pielessä.

Missä vika?
Rakkauden kaipuu on pohjaton!
Miten muuttaa käytöstään?
Miten muuttaa totuttuja – typeriä – pinttyneitä tapoja?
Miten purra hammasta?
Miten katsoa virheitä läpi sormien, niitä näkemättä?
Miten olla tekemättä virheistä tosia?
Miten nähdä rakkaus – jokaisessa?
Miten antaa anteeksi?

Anteeksi!

6.5.2010

Pienen hetken suuri taistelu.
Sisäisen ristiriidan katsomista suoraan silmiin
ilman suuria ulospäin suuntautuneita draamoja!
Muista antaa kaikki Pyhälle Hengelle, liittolaiselle.
Uskalla – kerrankin katsoa, mitä löytyy tuntemattomasta
– muistamattomasta –
uskalla kuunnella sisintä, aitoa itseäsi!

10.5.2010

Elossa

Haluan elää.
En vain olla elossa.
Uskaltaa!
Ottaa riskin.
Oman elämänsä voi elää oman näköisekseen
vain uskaltamalla olla oma alaston itsensä.
Millaisena haluan nähdä elämäni?
Käytänkö mahdollisuuden löytää jotain uutta
vai tyydynkö vanhaan kaavaan?
Niin, en halua olla pelkuri!
Minä elän!

Upea tilaisuus etsiä omaa elämäntehtävää.
Omaa minuuttaan – todellisuuttaan.

Keveys, tyyneys, varmuus.
Tunne oikeasta suunnasta.

Keskustelu. Haaste. Oppiläksy. Hylkäys.
Vastustus ja ymmärtämättömyys.

Uusi itsensä kasaaminen.
Sisäinen varmuus on ja pysyy.

Pyydän apua.
Haluan apua.

Kyllä tästä selvitään – ovi on edelleen avoin.
En halua menettää itseäni!

Sisäinen sota

Taistelu on käynnissä.
Todellinen minuus ja ego mittelevät mieleni hallinnasta.
Ego raivoaa, huutaa, hyökkää – voimalla.
Todellinen minuus armahtaa, katsoo läpi sormien, antaa anteeksi.
Totuus minussa ei näe ristiriitaa.

Ristiriita, joka riepoo sydänalaa, voimakkaasti.
Pohjalla, syvällä jossain vahvistun.
Samalla ego pitää puoliaan kaikin voimin!
Ego tekee minusta hirviön, josta haluan päästää irti!
Auta minua!
Auta minua!
Auta minua kuulemaan äänesi!
Auta minua uskaltamaan
muuttaa vanhoja kaavoja!
Haluan kävellä, en kompastella!
Auta minua muistamaan!

Kiitos lapset – kun autatte minua näkemään itseni!

17.6.2010

Kyse ei ole rohkeudesta vaan rahasta.
Alakulo kulkee mielessä – sydämessä.
Aivan kuin olisin kokenut tappion taistelussa.
Suunnitelma oli selvillä.
Nyt ei ilmeisesti ollut minun aikani?
Joskus vielä tulee minun aikani!
Nyt on suru, kariutunut unelma.

17.6.2010

Uskallan rakastaa itseäni.
Olen riittävän hyvä.
Minä kelpaan juuri sellaisena kuin olen.

Uskallan rakastaa läheisiäni.
Hiljaisuus, tunne,
vastustuksesta luopuminen,
hyväksyminen,
antautuminen rakkaudelle.
Annan rakkauden virrata lävitseni.

33

Koen kiitollisuutta pikku asioista ja tunteista, joita kohtaan.
Harjoittelen tietoisuutta jokaisessa tilanteessa, jokaisessa hetkessä.
Palautan mieleeni laajemman kuvakulman niin usein kuin muistan.
Kiitän *jokaisesta* tilanteesta.
Koen kiitollisuutta.
Kiitollisuus kasvaa.
Minua johdatetaan kulkemaan oikeaa tietä pitkin.
Kiitos.

27.5.2011

Luon kauneutta ja iloa itselleni iloksi, ajatuksillani.
Ajattelen, tunnistan, valitsen, mihin kiinnitän huomioni.
Vaihdan vanhan ajatuksen uuteen.
Valitsen.
Näen ympärilläni olevien ihmisten luontaisen viattomuuden,
samankaltaisuuden itseni kanssa
ja heihin sisältyvän potentiaalin hyvään.
Jokainen tekee parhaansa sillä ymmärryksellä,
joka hänellä sillä hetkellä on.

Voikukan kauneus,
oppilaiden viattomuus ja positiivinen lapsenomaisuus,
sadepisaran keveys.
Tuleva pesäpallopeli.
Iloa, riemua, ihanuutta.
Ajatusten tanssia.

RAKKAUSKIRJEITÄ

Rakas Rakkaus

Nämä kirjeet kirjoitin… kirjoitan Sinulle, koska mieleni kaipaa, janoaa keveyttä, iloa, valoa, varmuutta, rauhaa, hyväksyntää, lempeyttä, armoa ja Rakkautta itseäni kohtaan, läheisiäni kohtaan ja koko maailmaa kohtaan. Olen kyllästynyt olemaan sodassa itseni sisällä, itseni kanssa. Olen väsynyt tuomitsemaan ja arvioimaan. Olen väsynyt pakkoihin, velvollisuuksiin, kontrollointiin, hallitsemiseen, alistumiseen, alistamiseen, vertailuun, vihaan, kaunaan, miellyttämiseen. Ennen kaikkea olen väsynyt hyväksynnän ja rakkauden kerjäämiseen. Olen ollut jäässä, kohmeessa, horroksessa – maailman muotojen ja muiden ihmisten käytöksen armoilla, vankina, uhrina tai niin olen luullut. Olen pyrkinyt muuttamaan maailmaa mieleisekseni tai muuttamaan itseäni niin, että olisin maailmalle mieleen ja näen, että se taktiikka ei toimi. Nyt pyydän apuasi muistaa läsnäolosi, jotta voin muuttaa mieleni ja asenteeni maailman suhteen, sillä tahtoni on olla sovussa kanssasi, itseni kanssa ulkoisista olosuhteista riippumatta.

Kaipaan luoksesi.
Kaipaan Sinua Rakas Rakkaus.
Kaipaan tanssia.
Kaipaan turvaa.
Kaipaan luottamusta.
Kaipaan sydämen laulua.
Kaipaan keveyttä sieluuni, elämääni.

Haluan hengittää ilmaa keuhkoihini.
Haluan olla vapaa itselleni asettamistani kahleista.
Haluan antaa ajatuksen lentää ja tanssia vapaana
tilanteessa kuin tilanteessa
– ulkoisista olosuhteista riippumatta –
haluan olla onnellinen.

Haluan olla onnellinen ja siksi kirjoitin ja kirjoitan Sinulle – enkeleille, Jumalalle, Pyhälle Hengelle, alkulähteelle, auttajille, ties millä nimellä Sinua kutsunkin, osoite oli ja on mielessäni aina sama ja selvä – sille minussa ja meissä jokaisessa, joka tietää. Sille viisaudelle, jossa ei ole kysymyksiä, ei epäilyksiä vaan ainoastaan rajaton, ajaton ja pyyteetön rakkaus kaikkea ja kaikkia kohtaan. Sille Itselle, joka tietää, näkee ja kuulee kaiken ja silti rakastaa ehdoitta, joka hyväksyy minut ja jokaisen aina ja kaikenlaisena. Sinulle olen nämä kirjeet kirjoittanut.

Kiitos, että Sinä vastasit ja vastaat aina omalla ainutlaatuisella, lempeällä ja armollisella tavallasi.
Kiitos, Rakas Kallis Ystävä.

Kesäkuussa 2017

p.s. Rakkaus, sinun vastauksesi olen kirjoittanut niin kuin olen kuullut, mitään lisäämättä, mitään poistamatta, mitään muuttamatta.
Näissä kirjeissä vastuksesi on kirjoitettu *villisti vinolla fontilla.*

Kirje enkeleille

Kiitos teille ja kiitos Jumalalle jokaisesta oppiläksystä,
joita minulle on annettu!
Kiitos vihreydestä, kiitos sateista,
kiitos pitkään jatkuneesta flunssasta.
Kiitos perheestä, kaikista sukulaisista, tuttavista, ystävistä
ja etenkin henkilöistä,
jotka löytävät arat, työstettävimmät kohdat minusta.
Kiitos rakkaudestanne, lämmöstä ja valosta.
Kiitos ohjauksesta, suojasta ja turvasta.
Kiitos, että ohjaatte minua sille tielle, jolle minut on tarkoitettu ja
niihin tapahtumiin, kokemuksiin ja kohtaamisiin,
jotka minun on tarkoitus käydä läpi.

Pyydän, että ohjaatte minut Pyhän Hengen avulla
kohti totuutta ja mielenterveyttä.
Auttakaa minua auttamaan heitä, jotka apuani tarvitsevat.
Antakaa minulle viisautta pysyä nöyränä
tiedon lisääntyessä ja totuuden lähestyessä,
jotta näkisin veljeni viattomana – aina ja kaikissa tilanteissa.
Haluan kulkea sitä tietä, joka minulle on kirjoitettu ja tarkoitettu.
Valakaa minuun uskoa ja ohjatkaa minua
tekemään oikeita valintoja rakkauden kautta.
Anna minun armahtaa itseni, jotta löytäisin todellisen, aidon minän,
joka on vapaa Jumala lapsi – puhdas ja viaton rakkaus.

~Aamen~

Ota vastaan rakkaus,
jonka me annamme niin sinulle kuin siskoille ja veljillesikin.
Kulje polkuasi luottaen Jumalaan.
Me emme anna sinun astua harhaan,
me olemme aina rinnallasi, turvanasi.

Älä pelkää,
ota rakkaus sydämeesi,
laula ja iloitse.
Sinä olet Jumalan lapsi.
Kaikki rauha on jo sinussa.
Etsi se.
Sinä löydät sen mitä etsit – kaiken rauhan – kaiken rakkauden.
Sinä olet meidän enkelimme.
Käy rakkauden polkua kevein askelin.
Rakkaus olkoon kanssasi nyt ja ikuisesti.

~Aaaamen~

1.10.2010

<u>Rakkaat enkelit, Rakas Jumala</u>

Pyydän, että ohjaatte minua edelleen kohti pyyteetöntä rakkautta,
kohti totuutta ja mielenterveyttä.

Valaiskaa polkuani tällä ihanalla tiellä,
jolle olette jo minut lempeästi johdattaneet.
Auttakaa minua muistamaan ja muistuttamaan itseäni
armon ja rakkauden, ilon ja valon jatkuvasta läsnäolosta.
Auttakaa minua luopumaan valheellisesta itsestäni,
jotta osaisin kulkea kohti rakkautta – tilanteessa kuin tilanteessa.
Kiitos rakkaudestanne, ystävyydestänne, avustanne!
Haluan syventää yhteyttämme,
sillä uskon sen auttavan minua kulkemaan yhä tiiviimmin
rakkauden valaisemaa polkua.
Anna minulle sitkeyttä, viisautta ja kärsivällisyyttä.
Anna minulle halua antaa kaikki päätökset Pyhän Hengen
ratkaistaviksi.
Valaisen tieni rakkaudella!

1.10.2010

Sinä olet hyvä juuri sellaisena kuin olet.
Anna rakkauden ja hyväksynnän virrata sieluusi.
Avaa sydämesi kaikenkattavalle rakkaudelle ja
anna sen virrata kauttasi jatkuvana,
vuolaana ja ravitsevana virtana.
Usko itseesi ja luota johdatukseen.
Rakkaus olkoon kanssasi
ikuisesti!

27.10.2011

Enkelini ♡

Kaipaan lohdutusta, ystävää, kuulijaa,
joka hyväksyy minut kaikkine vikoineni ja virheineni.
Ohjaa minut kohti rakkautta,
itseni hyväksymistä ja lasteni kunnioitusta.
Ohjaa minua muistamaan rakkaus kiivauden keskellä.
Opasta minua pysähtymään,
jotta osaisin paremmin antaa rakkautta rakkailleni
ja parhaille opettajilleni.
Ohjaa minua löytämään hiljaisuuden taika, usko ja luottamus.
Pyydän nöyrästi ohjausta kohti minulle tarkoitettua tietä!
Aamen.

27.10.2011

Sinulle!

Anna itsellesi oikeus olla.
Luota elämään, luota meihin, luota itseesi
– luota siihen, mitä kuulet, tunnet ja aistit.
Sinä kuulet meitä! Sinä osaat! Sinä pystyt!
Sinä pystyt hiljentämään kiehunnan sisälläsi.
Uskalla vain yrittää, kuuntele ja luota poikasi neuvoihin.
Olet rakastettu ja kunnioitettu.
Sinua arvostetaan itsesi tähden – ei suoritustesi vuoksi.
Uskalla, kokeile, heittäydy.
Rakkaus kulkee rinnallasi AINA!

Aamen!

41

29.10.2011

Rakkaat enkelini, auttajani, ystäväni.

Etsin polkuani, tehtävääni ja sitä väylää,
jonka avulla – jonka kautta pystyn auttamaan itseäni ja veljiäni.
Etsin niitä mielikuvia ja luonteen lujitusta,
jotka saavat minut havahtumaan kiivauden hetkellä
ja muistamaan valon ja rakkauden – todellisen itseni.
Olen kiitollinen niistä kiivailuista, joita en osannut vaimentaa.
Olen kiitollinen, että te selvästi,
useaan otteeseen huomautitte minulle asiasta – annoitte neuvoja,
miten edetä kohti rakkautta.
En vain – sillä hetkellä – osannut kuunnella,
en halunnut luopua kiukustani.
Harjoittelen ja tulen oppimaan!

Te valaisette tieni kirkkain värein, rakkauden hellin henkäyksin.
Haluan suunnata teille mieleni,
joka on täynnä hyväksyntää, keveyttä, valoa, iloa ja rakkautta.
Haluan avata itseni maailmankaikkeuden ja
Jumalan eli kaikenkattavan Rakkauden johdatettavaksi.

Kiitos. Kiitos. Kiitos.

42

Oppaani,

Kaikki, mitä sinussa on,
kaikki, mitä sinä olet
on rakkautta.

Vihreys, linnun laulu,
veljesi,
kaikki ympärilläsi heijastavat sisintäsi.

Hyväksy ja anna olla.

Vastaukset on jo annettu.
Kysymykset kysytty.

Me olemme sinussa.

Anna rakkauden virrata kauttasi jokaiseen veljeesi.
Levitä hyvää mielesi kautta
– anna sen tyhjentyä ja virrata rakkauden polkua.

Nyt ja ikuisesti.
Aamen.

30.10.2011

Enkelini,

Sanat. Rakkaus. Lohdutus. Oleminen.
Kiitollisuus. Siunaus.
Antaa asioiden olla – on haasteellista,
mutta onnistuessaan äärimmäisen palkitsevaa.
Kiitos rakkauden, hyväksynnän syvästä tunteesta,
joka oli väkevänä läsnä tänään tapaamisessa.
Haen luonteen lujuutta itseeni etenkin opetustyössä,
jotta takaisin oppilaille parhaat mahdollisuudet oppia.

30.10.2011

Sinulle

Keveyttä, hersyvää, iloista.
Jatka samalla polulla – tutkaile ja hyväksy asiat
sellaisina kuin ne tulevat kohdallesi.
Sinun on määrä käydä ne läpi – kaikki ne tunteet.
Tutki ja tarkkaile – ole sivustaseuraaja.

Toimi vasta sitten, kun saat rauhan, vastauksen ja varmuuden.
Silloin olet rakkauden tiellä.

Jos mielesi haluaa tuomita tai hyökätä, pysähdy ja kysy:
"Haluanko kulkea kohti rakkautta?"

Ilo, valo ja rakkaus kulkevat mukanasi. Aina.

Aamen.

9.11.2011

Rakkaat enkelini,

Miten välillä muistan ja välillä en.
Usein vielä unohtelen.
Rakkauden pauhu välillä huumaava on,
toisinaan sydän on rauhaton.
Silti vaikka muistaisin,
mä aina rakkautta löydä en.
Mikä tämän aiheuttaa,
miten voin tunteitani johdattaa?
Luokse rakkauden ja valon
– lähelle kirkkaan ilon ja riemun palon.
Johdatusta pyydän ja anon,
yksin en selviä, en osaa,
kanssanne kuljen, kuuntelen,
jotta ohjeenne kuulisin – uskaltaen.

Aamen.

9.11.2011

Tyttöni!

Olet matkalla,
tavoitteesi tietäen,
sitä kutsuen ja kuunnellen.
Sinä löydät sen.

Aika tulee, aika menee.
Anna niin olla.

Sinulla on yksi iso ikuisuus vailla mennyttä,
ilman tulevaa,
sielusi rakkaus sulattaa.

Rakkaus kulkee kanssasi, vaikka aina huomaa et,
usko minää suurempaan Itseen, kokonaisuuteen, vaikka sitä näe et.

Sydämesi auki on
rakkaus siellä asukoon
ilo ja valo tanssikoot
riemun loikkia,
keveyttä, voimaa,
totuutta, herkkyyttä.
Rakkaus olkoon kanssasi nyt ja ikuisesti.

Aamen

Enkelini!

Tervetuloa tanssi kohti elämäntehtävääni.
Kevyt ja iloinen.
Rakkaus virratkoon syvälle sieluuni ja rakkaus valaiskoon tieni.
Kiitos, tästä sykähdyttävästä rakkaudentäyteisestä tunteesta!
Virratkoon tämä rakkauden polku vuolaana heille kaikille,
jotka rakkautta ja apua tarvitsevat.
Kasvakoot virta polusta valtamereksi,
jolloin rakkauden meren aallot hyväilevät aina vain useampia meistä.

Miten voin palvella?
Pyydän ja minulle annetaan.
Rakkaus ohjautukoon kohteisiinsa!

♡ Aamen ♡

10.11.2011

Lapseni.

Tanssi sykkii suonissasi, se etsii väylän, avaa sydämesi.
Antaudu sen sykkeelle.
Kiedon käteni ympärillesi,
syleilen koko olemustasi ja
riemuitsen yhteydestä sisimpääsi, yhteydestä välillämme.

Usko, avoimuus, rakkauden kanava.
Virta on vuolas ja suloinen.
Tiesi on kirkkaasti valaistu ja sinä ohjaat itseäsi pitkin tuota valoa.
Rakkauden virta olkoon kanssasi nyt ja ikuisesti.

♡ Aamen ♡

15.11.2011

Sinulle

Vastaus kysymykseesi löytyy syvältä sisimmästäsi.
Sieltä missä valo, rakkaus,
hyväksyntä ja puhdas myötätunto kohtaavat toisensa.
Vastaus on jo annettu.
Löydät sen sisimmästäsi.
– Suojelusenkelisi –

18.11.2011

Suojelusenkelini

On ihanaa tuntea läheisyytesi ja ohjauksesi.
Jumala, pyydän ohjausta kohti totuutta ja mielenterveyttä.
Pyydän herkkyyttä,
jotta osaisin tunnistaa ja kuunnella enkeleidesi neuvot ja ohjaukset.

Kiitos rohkeudesta, jota olet minulle antanut tälle matkalleni.
Kiitos, että huolehdit kaikesta.
Kiitos, että saan kaiken, minkä todella tarvitsen.
Vaikkei se aina olekaan sitä,
mitä itse luulen – muodon tasolla – haluavani, vaan paljon enemmän.
Kiitos, kun kuljet kanssani ja
kiitos, kun annat rakkautesi virrata kauttani niille ihmisille,
jotka sitä tarvitsevat.

Aamen.

48

28.11.2011

Jumalani, oppaani, puhtain rakkaus.

Kiitos.

Kiitos enkeleille, kiitos heille, jotka kuuntelivat enkeleitään.
Sillä tiellä, jolle olen lähtenyt, tulen löytämään paikkani. Kiitos.

Kiitos näistä ajatuksista, jotka mielelläni annan eteenpäin
Pyhälle Hengelle valoon vietäviksi.

Kiitos puhtaasta sinisestä taivaasta jokaisen meidän yllä.

Kiitos, ilmasta välillämme.

Kiitos viattomuudesta, sielun puhtaudesta,
jonka tulen vielä omakohtaisesti ymmärtämään.

Kiitos rakkauden väristyksistä,
jotka kulkevat ajoittain ja aina vain useammin lävitseni.

Rakkaus jatkakoot kulkuaan ja virratkoot heille,
jotka sitä tarvitsevat.

Sydämeni sykkii lempeästi rakkautesi tahdissa.
Sieluni ui rakkautesi rajattomassa meressä.
Rakkautesi virratkoon vuolaana sitä tarvitseville.

Aamen

49

28.11.2011

Lapsukaiseni.

Ole siunattu. Samoin kuin jokainen veljesi.

Siunattuja olkoot myöskin he, jotka siunausta viimeisenä pyytävät.
Anna ajatustesi kuljettaa rakkauden väkeviä säteitä myös heille.

Anna itsellesi anteeksi ja
anna asioiden virrata niin kuin rakkauskin virtaa lävitsesi.

Jokainen tilanne,
jokainen henkilö auttaa sinua muistamaan,
auttaa sinua valitsemaan,
ja auttaa sinua löytämään – totuuden, rakkauden,
Itsen ja anteeksiannon!

Rakkaus olkoon kanssasi!

Aamen

Jumaluudelle, enkeleilleni!

Kiitos avartavista ajatuksista. On ihanaa löytää luottamus itseensä.
On valloittavaa huomata mielen avartuminen ja ihanaa,
miten tuot haasteita eteeni ja autat minua samalla oppimaan
lisää mielen avaruudesta ja ajatusten käytöstä.

Kiitos tämän päivän oppitunneista!

Kiitos valinnoista, joita tuot eteeni.
Kiitos luottamuksesta, että tiedän tekeväni oikeita valintoja.
Ihanaa tuntea, miten enkelit kuljette kanssani ja
olette yhteydessä toisiinne.

Kiitos niistä mahdollisuuksista, joita annatte meistä jokaiselle.

Rukoilen ihmisille kykyä kuunnella ja rohkeutta uskaltaa toimia
kuulemansa mukaan.
Kiitos, tästä ihanasta päivästä ja sen jokaisesta upeasta
yksityiskohdasta.
Pyydän apua lapsenomaisen, ehdottoman pyyteettömän rakkauden
välittämiseksi läheisille ja heille, joille se on kauttani tarkoitettu.

Aamen

Anna mielesi laskuvarjon aueta aina vain enemmän.
Anna uskosi, luottamuksesi johdattaa sinua
tiedottomuudesta tietoon.
Käteni on sinun kädessäsi.
Valinnat on jo tehty.

Heittäydy.

Päästä irti.

Ota kädestä.

Laula.

Haasta mielesi yhä uudelleen.

Tanssi.

Iloitse.

Rakasta.

Aamen

♡

<u>Pimeydestä valoon</u>

Olen kiitollinen jokaisesta viestistä, jotka minulle lähetetään.
Kiitos rakkaudellisista kokemuksista.
Kiitos uskosta, luottamuksesta.

Pyysin johdatusta, jotta löytäisin tien.
Sain johdatusta ja kuljen tuota tietä pitkin.
Sanat eivät riitä …
olen kiitollinen,
rakkaus on täyttänyt olemukseni.
Kiitos!   Kiitos!   Kiitos!

Rauha ja rakkaus
astuvat sisään.
Samalla tiedän – tätä haluan lisää.
Haluani testataan,
uskoani koetellaan.
Silti tiedän
rakkauden syvän seesteisyyden
olevan aina läsnä.
Silloinkin kun pyydän apuasi,
jotta muistaisin,
jotta löytäisin
jälleen yhteyden
sieluni äärettömyyteen.
Opettelen, kertaan,
yritän uudelleen.
Tiedän – tulen muistamaan!

20.12.2011

Enkelini,

Ihanuuteni, tukeni, turvani, ikuinen kumppanini – kiitos!

Tiedän, että tulen löytämään paikkani.
Tulen löytämään työn,
joka tarvitsee minua ja jossa minua tarvitaan.
Tulen muistamaan todellisen itseni.

Ajatteluni suuntautuu kohti ääretöntä rauhaa,
pyyteetöntä rakkautta ja ihanaa valoa!

Tiedän,
että minua ohjataan tällä tielläni jatkuvasti ja suloisen lempeästi.

Kiitos teille enkelini!

20.12.2011

Lapseni
Tiesi on tasoitettu, kuljettu, avoin.
Kulje hyvillä mielin,
avoimin rakkaudellisin ajatuksin, sillä
rakkaus kulkee aina kanssasi.

Aamen.

22.1.2012

Suojelusenkelini ja apujoukot

Kiitos työstä, johon minut ohjasitte.
Kiitos ehtymättömästä rakkaudestanne ja pyyteettömyydestänne.
Kiitos tavasta, jolla näytätte minulle oppiläksyjäni,
jotta muistaisin, aina, ikuisesti ja jokaisessa tilanteessa
turvautua apuunne, enkä yrittäisi yksin ratkoa näennäisiä ongelmiani.
Kiitos teille kultaiset apujoukkoni!
Kiitos, kiitos, kiitos!

22.1.2012

Rakkauden soihtu on sytytetty ja se palaa kirkkaalla liekillä.
Sinun muistamisesi auttaa meitä kaikkia kulkemaan kohti valoa.
Jaa se, mikä on jaettavissa. Kutsu meitä tarvittaessa.

Milloinkaan – et milloinkaan – ole yksin.

Rauha olkoon kanssasi iankaikkisesti.

– Aamen –

Kaikki auttavat enkelit

Kuljen teidän avullanne kohti elämäntehtävääni ja totuutta.
Kuljen polulla, jolle minut on tarkoitettu.
Kiitos, että saan kulkea tätä matkaa teidän opastuksellanne,
teidän kanssanne.
Kiitos vastauksista, joita olen teiltä saanut.
Kiitos rakkauden voimasta,
jota autatte minua jakamaan sitä tarvitseville.
Haluan jakaa tuota rakkautta joka hetki.
Pyydän teiltä apua, jotta muistaisin sen,
jotta osaan astua syrjään ja antaa rakkauden valaista
ja hoitaa kaikki kohtaamani tilanteet ja ihmiset.

Kiitos sydämeni syvyyksistä!
...
Miten olenkaan osannut kirjoittaa upeita, voimakkaita sanoja.
Mitä minä haluan? Minä haluan valita taivaan ja Pyhän Hengen
+ enkelit oppaikseni tälle matkalle.
Matkalle, joka on viitoitettu rakkauden värähtelyllä,
ilon ja kiitollisuuden uskomattomalla voimalla.
Miten haluankaan jakaa tämän tunteen ja halun
kaikkien veljieni kanssa.

Pyhä Henki – ohjaa valintojani. Niitä valintoja, jotka on jo tehty.
Pyydän apua ja johdatusta, jotta osaan kuunnella teitä ja jakaa halua
löytää todellinen Itse sillä tavalla, joka minulle on tarkoitettu ja
niille ihmisille, jotka etsivät itsensä totuuden muistamista minun
kokemusteni kautta.

Kiitos syvän ystävyyden ja luottamuksen rakkaudesta.
Kiitos johdatuksesta kohti totuutta ja mielenterveyttä
– kohti iloa, valoa ja rakkautta. Kiitos

56

5.5.2012

Lapseni, pienoiseni,

oma kuvani piirtyy sinun sielussasi,
sinun sielusi kautta muiden nähtäväksi.

Sinun silmäsi, kätesi, kosketuksesi
välittävät rakkautta jokaiselle, joka sitä tarvitsee.
Sielusi janoaa rakkautta ja rakkautta se tulee saamaan,
sillä rakkauden ulappa on rannaton, rajaton, ikuinen.

Se on jo sinussa.
Kun sinä kutsut sitä, se laajenee.
Sukella tuohon mereen ja anna sen täyttää koko olemuksesi.
Sinä olet sen arvoinen, niin kuin veljesikin.
Rakkaus on teissä jokaisessa samanarvoisena.
Aina.

Rauha ja rakkaus olkoon kanssasi.

– Aamen –

57

Kiitos rauhasta, rakkaudesta,
Isän muistamisen lahjasta,
jota en vielä täysin ymmärrä enkä aina muista,
mutta jonka haluan ymmärtää, muistaa ja
jota kohti haluan myös veljiäni johdattaa.

Pyhä Henki kuiskaa korvaani usein,
jotta muistaisin Isän,
jotta muistaisin antaa rakkautta veljilleni silloin,
kun näen eron merkit,
jotta muistaisin vaalia kiitollisuutta
omassa ja läheisteni – kaikkien veljieni – elämässä.

Pidä kädestäni ja johdata minua.
Pyydän apuasi, jotta löytäisin totuuden ja mielenterveyden.

– Aamen –

Rakkauteni olkoon kanssasi.
Kulkekoot rakkauden aallot kanssasi,
levätkööt tahtosi ja sielusi rauhan äärettömyydessä.
Rauhoitu – olen kanssasi.
Sinä olet turvassa Isäsi lämpöisessä, turvallisessa syleilyssä,
sinä olet turvassa.

Erosi Isästäsi on ohi.

Anna rauhan ja rakkauden tulla sinusta, vyöryä kauttasi,
puhaltaa lävitsesi, huuhtoa kaiken turhan – kaiken maallisen pois.
Sinä et ole sitä, mitä näet.
Sinä et ole sitä, mitä kuulet.
Sinä tiedät, kuka sinä olet ja mihin sinä kuulut.

Sinä olet rakkaus. Sinä kuulut rakkauteen.
Te olette yhtä, erottamattomat.
Anna rakkauden tunteen tulla ja valloittaa sinut.
Heittäydy. Uskalla. Luota.
Antaudu rakkaudelle joka ikinen hetki.

Ja pelastus on oleva sinun. Iankaikkisesti.
                    Aamen

25.8.2012

~ Kaikenkattava Rakkaus, Rauha, Valo ja Ilo ~

Luomistyösi olkoon kanssani laatiessani sinulle kiitostani, rukoustani. Haluan laulaa kauneinta sävelmää, haluan maalata värejä, muotoja, joissa sielu lepää ja uusiutuu.

Haluan piirtää viivoja, jotka vahvistavat rauhaa, rakkautta, valoa, iloa ja sisäistä lasta meissä jokaisessa.

Sinä ihana, ääretön meri,
joka luot minulle pohjan kasvaa, etsiä ja löytää.
Pyydän rehellisyyttä, rohkeutta ja syvää luottamusta,
jotta löydän polkuni, johon olen syntymässäni lupautunut.
~ Aamen ~

25.8.2012

Sinulle, lapseni
Tuuli kulkee nyt lävitsesi.
Anna sen tulla ja puhaltaa,
puhaltaa roskat,
ylimääräiset hiput pois näkökentästäsi.

Tuo tuuli tuo mukanaan rauhan ja selkeyden.
Avaa sydämesi ottamaan tämä tervehdys vastaan.
Laula ja tanssi – anna sielusi lentää, minne sen on lennettävä!
Kuuntele tuulen kutsua, sievää sävelmää,
joka laulaa meidän yhteistä nimeämme.

Rauhaa, rakkautta, valoa ja iloa!

~ Ikuisesti ~
~ Aamen ~

28.8.2012

<u>Suojelijani!</u>

Sinä kerrot minulle: *"Mitään pelättävää ei ole."*

Uskon sinua, ja kuitenkin pelkään, jännitän, mietin, pohdin,
en osaa päästää irti, enkä löydä tämän hetken kauneutta.

Olen eksyksissä ja tiedän, että sinä pidät minua jatkuvasti kädestä.
Sinä ohjaat tälläkin hetkellä kulkuani.
Päätöksistäni huolimatta tiedän, että olen aina oikeassa paikassa.
Nytkin, kun tunnen pakahduttavaa epävarmuutta
ja ylitsevuotavaa ristiriitaisuutta,
tiedän, että juuri tässä tilanteessa
– juuri näiden tunteiden kanssa – minun on oltava.

Olen kiitollinen sisäisestä myllerryksestäni.
Kiitos siitä, että muistin pyytää apua!
Kiitos, teidän ihanasta avustanne.
Läsnäolonne on suurempi kuin sisäinen kaaokseni,
jonka luulen olevan kiinni juuri tästä hetkestä,
juuri tietystä päätöksestä.
Pelkään päättäväni väärin ja panikoin.

Kiitos muistutuksesta, että olen juuri nyt siellä,
missä minun tulee olla,
juuri näiden pohdintojen ja valintojen keskellä.

Kiitos, kun kannatte minua!

~ Halleluja! Halleluja! ~

Kiitos, kun saan jälleen tuntea
rakkautenne puhtauden ja pyyteettömyyden.

Olen avoin – lähettäkää tuo rakkausaalto kauttani eteenpäin!
Olen kiitollinen kaikille heille,
jotka ovat auttaneet minua kulkemaan tähän pisteeseen.
Kiitos työstäni, oppilaista, kasvutilanteista!
Kiitos ennen kaikkea lapsistani ja puolisostani.
Kiitos jokaisesta hetkestä, jonka saan olla heidän kanssaan!
Kiitos, että saan tuntea teidät lähelläni!
Kiitos päättämättömyys, katkeruus, riittämättömyys,
tunneryöppy – vaiheesta.
Rakkaus olkoon kanssamme!

~ Aamen ~

♡

Poikani

Käännä katseesi kohti sisintäsi.
            Päästä irti.
Sinä pyydät Totuutta.
            Luovu harhoista ja luota.
Minä otan vastaan!

Minun rakkauteni kantaa kaiken, mitä sinulla on,
laskien lävitseen turhan ja jättäen jälkeen puhtaan,
viattoman, pyyteettömän sielusi.

Tuuditan sinut rakkauden meressä ja näytän sinulle vain totuuden.
Se on ainoa, mitä sinulla on.

Pyhin kulkekoon kanssasi.
Ikuisesti.

~ Aamen ~

Kiitos kiitos kii-ii-tos!
Laulaa haluan
    sävelen kauneimman.
Kevyt se on
    kuin höyhen,
    kuin tyyni rauhallinen meri.
Lentää, kaartaa, laskeutuu
    la-la-la-laaa
    laa-la-la-la-laa!

Minä kutsun Ääntäsi Jumala, minulle puhumaan.
Oi kunpa vain osaan harhailevat ajatukseni rau-hoit-taa!
Katson läpi harhaisten, omien pienten tunteiden
luottaen, avaan mieleni – kuuntelen!

Tervetuloa,
    rauhan sanoma!
Kokemus ja tunne
    kaikenkattava,
varma, tyyni, rauhaisa.

Kiitos, kiitos, ihana
on polkusi kohti totuutta.

La-la-la-la-laa-aa,
    Laa-la-la-la-laa-aa!
    Hal-le-luu-uu-uu-jaa!

Enkelini, Auttajani

Kiitos rauhasta ja rakkaudesta, jonka sain tänään tuntea,
jonka luokse minut johdatitte! Pyydän johdatusta sisäiseen rauhaan,
pyydän rakkautta, luottamusta ja rohkeutta tuleviin päätöksiini.

Pyydän johdatusta työhön, josta nautin, jota voin tehdä ja teen ilolla,
vilpittömin mielin, rakkaudesta ja auttamisen halusta. Työhön, joka
tarjoaa aikaa perheelle, aikaa olennaiseen ja joka johdattaa minut
totuuteen. Pyydän apua yhdentyneen ihmissuhteen aloittamiseksi
perheenjäsenten kanssa.

Pyydän taitoa kuunnella ohjaustanne,
rohkeutta noudattaa ohjeitanne ja kykyä
+ halua tarkkailla ja pysähtyä egon astuessa areenalle.

Haluan laulaa teille pohjattoman kiitokseni. Aaa-aa-aa-aaa!

Miten kauniita te olettekaan, vaikka en teitä näe.
Teidän rakkautenne hehkuu, säkenöi, laajenee, parantaa.

Tunteille ei löydy sanoja....
.... Kiitollisuus, Ilo, Riemu ....
haluan jakaa tätä rakkautta eteenpäin.
Pyydän: käyttäkää minua kanavana,
rakkauden lähettämisessä niille, joille se on tarkoitettu.

Halleluujaa!

Enkelini, Suojelijani, Pyhä Henki

Kiitos, kun näytätte minulle oppaani.

Kiitos, että kerrotte hänet minulle selkosanoin.

Kiitos, että osaan kuunnella teitä ja tulkita oikein viestejänne.

Kiitos, että opetatte minua pysähtymään, havaitsemaan ja
    tarkkailemaan itseäni ulkopuolelta.

Kiitos, että johdatatte minua.

Kiitos, kun selvensitte minulle ahdistukseni aiheuttajan.

Kiitos, että kannatte ja ohjaatte minua edelleen eteenpäin.

Kiitos, että annatte minulle aikaa olla lasteni kanssa!

Kiitos, että saan aikaa maalata, luoda!

Kiitos, että ohjaatte minua kohti erikoistehtävääni!

Kiitos ihanasta, valoisasta, pyyteettömästä rakkaudestanne!

Kiitos, että annatte minunkin oppia ja opetella muistamaan,
tuntemaan, tunnistamaan ja kokemaan
tuota valoa, iloa, rauhaa ja rakkautta!

Ylistetty olkoon teidän kirkkautenne, armonne ja rakkautenne.
Sieluni kulkekoon teidän valkeutenne keskellä,
teidän johdatuksenne mukaisesti!

Kiitos, että opetatte minut luottamaan Jumalaan.

NYT ja IANKAIKKISESTI!

~ Aa-aa-men! ~

Lapseni

Loihdi valosi ympärillesi.
Rakkauden roihu valaisee pimeimmänkin hetkesi.
Sinä muistat, sinä osaat ja sinä haluat pysähtyä, tuntea ja tunnistaa.
Tuosta tyhjyydestä tulet löytämään itsesi, valosi, sielusi.
Etsimäsi on käsissäsi.
Me kuljemme aina kanssasi.
Sinä olet turvassa.
Sinä olet sylissämme.
Polkuasi peittää valkeus.

Me olemme sinussa,

sinä olet meissä.

On vain yksi – on vain Rakkaus.

Usko ja luota rakkauteen joka ikinen hetki!

Rakkaus on ainoa asia, joka sinun tulee muistaa,
ja sinä tulet sen muistamaan.

Rakkauden roihu vyöryy ylitsesi.
Sen valo ja seesteinen ilo virtaavat lävitsesi ja ylitsesi
kuin kimaltavat sadepisarat auringon välkkeessä.
Rauha täyttää sinut loputtomasti.
Kaikki muu kukistuu, luhistuu, menettää merkityksensä.

On vain Rakkaus!
Kiitos yhteydestä!
Rakkaus täyttäkööt sinut – aina!
– Aamen –

67

<u>Enkelini</u>

Pyydän,	että autatte minua näkemään rakkauden itsessäni ja rakastamaan itseäni.
Pyydän,	että saan nähdä rakkauden ihmisissä ympärilläni.
Pyydän,	että autatte minua lähettämään ja kanavoimaan rakkautta eteenpäin heille, joille se on tarkoitettu.
Pyydän,	että autatte minua toimimaan kanavana ja väylänä rakkaudelle.

Kiitos, että näin tapahtuu!
Kiitos avustanne!

Kiitos, kiitos, kii-ii-tos!

Rakkaimpani

Sisimpäsi kuplii ja pulppuaa.
Keltainen, oranssi, vihreä, sininen, violetti, pinkki
– anna värien piirtyä sydämestä sydämeen
mielesi hellän kosketuksen kautta.

Anna sen koskettaa omalla painollaan.
Sinun ei tarvitse uskoa itseesi, kun luotat rakkauteen.
Sen kaikkiin väreihin,
sen rauhaan, valoon ja iloon.

Anna kuplien kuplia ja valon pisaroiden tanssia
kuin kevein höyhen suvituulessa.

Rakkaus maalaa sinulle taulun.
Sielusi polun. Hiljaisuuden. Iäisyyden.

Kaiken se kattaa,
kaiken se hellii,

Rakkaus on ääretön,
ikuinen,
kaikkialla läsnä oleva.

Syleile minua,
sillä minä olen Rakkaus.
Syleilen sinua,
sillä sinä olet minun kuvani.

Miten kaunis sinä oletkaan!
Kietoudumme toisiimme.

Ikuisesti.

~ Aa-aa-men ~

Enkelini, ihanaiseni, valoni, iloni.
Oppaani, suojelijani, alkulähteeni,
rauhani ja rakkauteni.

Armo laskeutukoon ylleni,
kiitos virratkoon suonissani,
rauha täyttäkööt maailmani ja
rakkaus ammentakoon ikuisesti syvyyksistäni.

Kiitos, että näin on!
Teidän läsnäolonne, luottamuksenne,
rakkautenne.

Kiitos teille joka ikisestä hetkestä!
Kiitos syvästä, hyvästä luottamuksesta!
Kiitos, että polkuni valaistaan!
Kiitos, että opetatte minua rakastamaan itseäni!

Kiitos-kiitos-kiitos!

2.9.2012

Lapseni!

Laulu kaikukoon suonissasi.
Armo avautukoon autuaana itsellesi ja ihmisille ympärilläsi.
Tartu käteeni –
  kätesi on jo kädessäni.
Anna luottamuksen johdattaa sinua eteenpäin.
Tunne rakkauden vahva virta suonissasi ja anna sen pulputa
yli äyräiden, ikuisesti.

Sinä et tarvitse hyökkäystä, et puolustusta.
Tarvitset vain rakkauden ehtymättömän virran.

Virran, joka on vahva ja voimakas, lempeä ja hellä.
Tämä virta ohjaa sinua aina!

Jos eksyt polultasi, luulet kadottaneesi virran – kiitä ja pysähdy.
Olet juuri siellä, missä sinun tällä hetkellä kuuluukin olla.
Ole kiitollinen kaikesta, mitä tiellesi on annettu.
Sillä on tarkoituksensa.

Rakkaus on mukana tässäkin hetkessä.

Luota.

Jumala on rakkaus, joka kannattelee sinua.
Nyt ja ikuisesti.

Istu rauhassa tuon rakkauden sylissä.

Anna kuplien nousta sisimmästäsi.
Pienien rakkauden kuplien.
Anna niiden kasvaa ja lisääntyä.
Näin muodostuu rakkauden meri – pysyvä virta,
joka kumpuaa sisältäsi ikuisuuteen,
ainiaan.

Laula nyt laulusi rakkaudelle.
Laula se sydämesi syvyyksistä asti.
Anna sen kaikua metsissä, pelloilla ja ulapoilla.
Sen sävel on kaunis!
Ihana, hurmaava, vetoava.

Maalaa rakkautesi värein, muodoin, kevyin varmoin vedoin
– maalaa se rakkauden värein ja vivahtein.

Kuvaa rakkautesi kaikessa ilmenemismuodoissaan.
Sadepisarassa, väreissä, muodoissa, kukissa ja kärpäsissä.
Koko luomakunta hengittää rakkauden henkäyksin.
Luonto kuiskii rakkauden suurta sanomaa.

Kiitos, kun kuulet sen!

Rakkaus virratkoot kauttasi nyt ja iankaikkisesti!

Aamen!

Enkelini, ihanaiseni,
  kanssasi rukoilen.
Oppaani, alkulähteeni,
  tietäni kanssasi kulkien.

Pyydän, yhdessä teidän kanssanne,
viekää viesti jokaisen maan päättäville tahoille,
että he uskaltaisivat kuunnella oppaitaan ja enkeleitään.
Viekää heille rakkautta ja myötätuntoa sekä luottamusta.
Vaikka vain pienen kuplan verran.
Antakaamme voimaa tuolle kuplalle kasvaa ja kehittyä pieneksi,
väkeväksi pisaraksi ja lisääntyä itsestään.

Antakaamme pisaroiden kasvaa virkistäväksi sateeksi,
joka raikastaa, puhdistaa ja uudistaa meistä jokaisen.

Kiitos, että viette heille viisautta toimia rakkauden nimeen.
Kiitos, että opetatte minua rakastamaan itseäni.
Kiitos, että muistutatte minua muistamaan.
Kiitos, että ohjaatte minua luottamaan totuuteen.

– Kiitos–kiitos–kii-ii-tos –

Oppaani, mestarini, alkulähteeni,
pyydän ohjausta seuraavissa kysymyksissä:
Millainen tai mikä ajatus auttaa minua kulkemaan kohti totuutta?

Kiitos kehoni viesteistä!

Enkelini, oppaani, alkulähteeni, tukeni ja turvani

Olen avoin kanava teidän käytettävissänne,
jotta voitte parhaalla mahdollisella tavalla
ilmentää pyyteetöntä rakkautta kauttani niin kuin on tarkoitettu.

Kiitos ystävän tapaamisesta.
Kiitos oivalluksista – ykseydestä.
Kiitos puun olemuksen ajatuksesta.

Sadepisarassa on koko valtameren voima ja viisaus.
Sen ei tarvitse kysellä, miettiä, pohtia – riittää, kun se on.
Se on arvokas juuri sellaisena.
Juuri nyt se on oikeassa paikassa, oikeassa tehtävässä.
Se on ja se riittää.
Sadepisaran syvin olemus on sama
kuin meidän syvin olemuksemme.
Minä olen ja se riittää.

Hosuminen, ahmiminen, kahmiminen
– kaikki on turhaa – riittää kun vain on.
Sillä silloin rakkaus virtaa lävitsemme ja kauttamme
avaten meille yhteyden, koko maailmakaikkeuden.
Luonnollisesti ja vaivatta, koska me olemme yksi.

Kiitos oppaani ja auttajani, että opastatte, johdatatte ja autatte minua
irrottautumaan vastustuksesta, havaitsemaan egon toimet ja ajatukset.
Kiitos, että autatte minua pysähtymään, muistamaan puun olemuksen,
virtauksen, rakkauden – jokainen hetki.

Kiitos avustanne. Kiitos läsnäolostanne.
Kiitos!

Sinä olet Rauha.
Sinä olet puu.
Sinä olet sadepisara.
Sinä olet kuu.
Käännä katse sisälle, syvälle sisimpään.
Sieltä löydät vastaukset
kaikkein pyhimpään.
Leiki ja laula –
tanssi ja naura.
Heittäydy ja uskalla.
Mitään et menetä.
Kaikki, mitä kaipaat, on jo sinussa.
Kaikki, mitä kaipaat, on syvällä sinussa.
Aina mukana!
Aina valmiina.
Pelkkää rakkautta!

Kauniisti virtaa puu.
sisällä kukkii ~uuu~.
Luonto huokaa hiljaa,
kun syksy kantaa viljaa.
Armon annan itselleni,
kiitoksen kumarran ympärilleni.
Olemus täyttää sisimpäni,
opettaa minulle itseäni.
Ydintä, rauhaa, rakkautta,
iloa ja luottamusta.
Aina valmiina!
Aina mukana!
Pelkkää, puhdasta rakkautta!

Auttajat

Valinnat ahdistavat, puristavat, kiristävät.
Ei ole tilaa hengittää.
Apua pyydän, armoa anon.
Auttakaa minua heikkoudessani,
auttakaa minua tietämättömyydessäni.
Johdattakaa minut ikuisen rakkauden lähteelle.
Kaipaan iloa. Hyväksyntää.
Kiitos tästä hetkestä!
Kiitos siitä, missä olen nyt.
Tiedän olevani oikeassa paikassa, oikeassa mielentilassa,
tiedän kulkevani rakkaudessa.

Kiitos tietämättömyydestäni,
kiitos ahdistuksesta, kiitos epävarmuudesta.
Kiitos, että saan opetella tuntemaan itseni.
Kiitos jännityksestä.
Kiitos jokaisesta muistamisen välähdyksestä.
Kiitos peilikuvista, joita näen ympärilläni!
Kiitos rohkeudesta, jota annat minulle!
Vain hyvä odottaa minua!
Kiitos, että osaan luopua ja vapautua
vanhoista uskomuksista ja pinttyneistä tavoista.
Kiitos, että johdatat minua.
Kiitos, että ympäröit minut hyvyydelläsi.
Kiitos, että pidät kädestäni.
Kiitos, ettet milloinkaan päästä irti!

– Aamen –

♡

Sinä olet
ja
se riittää.

Me rakastamme sinua sadepisaran herkkyydellä,
valtameren avoimuudella,
kutsumme sinua luonnon nimessä.
Rakkaus kulkee kanssasi.

Sinä olet.
Jumala on.
Luota, päästä irti, antaudu.
Olet turvassa.
Olet sylissämme.

- Aamen -

Kiitos
Kiitos rakkauden tuulesta, joka virtaa tähän hetkeen.
Kiitos kaipauksen tunteesta.

Tulen löytämään työn, jossa voin henkisesti hyvin,
jossa koen iloa – alati – ja joka antaa minulle voimaa,
iloa, energiaa ja mielenrauhaa – hyvinvointia.

Kiitos, että te kuljette oppainani!
Pitäkää kiinni kädestäni.
Tukekaa minua.
En tunne itseäni, enkä tiedä, miksi mikään tapahtuu.
Siksi pyydän teidän apuanne.

Auttakaa minua!
Auta minua Pyhä Henki!
Suojele minua avuttomuudessani.
Kiitos tästä hetkestä!
Kiitos!

Valinta olkoon vastuuni, iloni ja innoitukseni.
Osaan valita.
Rakkaus ohjaa valintojani.

Kiitos ajatuksista,
jotka lentävät yli esteiden, rajoitusten ja totuttujen kaavojen!

Kiitos, että näen nuo esteet, muurit ja rajoitukset.

Kiitos, että löydän ajatuksen,
joka näkee nuo muurit ja joka uskaltaa katsoa muuria tarkemmin
– löytää siitä särön tai halkeaman – heikon kohdan.
Ajatuksen, joka näkee muurin toisellekin puolelle ja
tekee siten muurista tarpeettoman.

Kiitos kaiken kattavasta rakkaudesta, joka ohjaa ajatuksiani!
Olen vapaa levittämään ikuista rakkautta joka hetki.

En tiedä, mikä on minun parhaaksi.

Siksi annan kysymykseni, valintani, tulevan työni
Sinun päätettäväksesi Pyhä Henki.
Luotan päätökseesi ja ohjaukseesi.

Kiitos, että opetat minua antautumaan tälle hetkelle,
näille tunteille, näille ajatuksille.

Annan ne kaikki sinulle valoon vietäväksi ja uudelleen tulkittaviksi.

Kiitos, että kuljet kanssani joka ikinen hetki.

Kiitos rakkautesi äärettömyydestä ja puhtaudesta!

Kiitos siunauksestasi!

♡

Antautuminen
Sinä – Minä – Hän = YKSI
Unohda oppimasi,
kohtaa pahin pelkosi ja huomaa oliko pelko aiheellinen.
Anna ajatuksesi lentää, päästä ne vapauteen, irti – lentoon.
Älä pidä niistä kiinni.
Antaudu ja löydä.
Anna kaiken valua tässä hetkessä.
Sinä et tiedä.
Sinun ei tarvitse tietää,
mutta sinussa on, Joka tietää.
Saat luottaa, istua hiljaa.
Kuunnella puhetta sisälläsi.
Antautua.
Luottaa.
Sinun tarpeesi täytetään aina.

Rauhoitu,
rauhoita,
pysähdy,
kohtaa itsesi peilikuviesi kautta,
unohda, luota,
päästä irti,
antaudu, luota.
Sinä olet turvassa,
sylissäni,
ainiaan.

Aamen

30.9.2012

Pyhä Henki!

Opeta minua etsimään sisältä.
Opeta minulle, miten me olemme yksi, miten me olemme yhtä!
Auta minua matkallani.
Auta minua muistamaan, tunnistamaan ja poistamaan
esteet totuuden edestä.
Haluan nähdä vain totuuden.
Haluan muistaa puhtaan rakkauden.
Jokainen hetki,
   riittää kun vain olen.
Mitään ei tarvitse etsiä.
   Mitään ei tarvitse löytää.
Kaikki on.
   Haluan muistaa.

Olenko valmis? En tiedä!
Annan sinun ohjattavaksesi jokaisen yhteisen olemisemme.
Jokaisen näennäisen päätöksen – annan sinun päätettäväksesi.
Kaikki ne valinnat, jotka tulen tekemään tässä
havaintojen maailmassa, annan sinulle valoon vietäväksi.
Seuraan sinun tahtoasi, koska en ymmärrä, mikä minulle on parasta.
Enkä ymmärrä, mikä on parhaaksi kaikelle elämälle kaikkialla.
Kuule toiveeni, rakas ystäväni,
ohjaa minua Jumalan tahdon mukaan – rakkauden kielellä.

Ikuisesti!
Aamen

Sinä olet.
Sinut hyväksytään sellaisena kuin sinä olet.
Minä olen.
Jumala on.

Olet kuorimassa sipulia. Kovettuneimmat kuoret on jo poistettu.
Matka jatkuu. Kerroksia on paljon. Sinä et tiedä, mitä etsit.
Ja silti, sinä luotat, että se mitä löydät, tulee täyttämään
kaikki odotuksesi ja toiveesi.

Mitä sinä löydät, kun kaikki kerrokset on poistettu?
Et mitään. Sinä et löydä aarretta.
Sinä löydät tyhjyyden.
Ja tuossa tyhjyydessä tulee olemaan kaikki,
mitä koskaan olet kaivannut.

Tyhjyydessä ei ole mitään, koska olet luopunut kaikesta.
Olet löytänyt itsessäsi olevan pyhyyden ja luottamuksen.
Sinä et etsi timanttia, mainetta etkä kunniaa.
Sinä etsit Itseäsi!
Etkä tiedä, miten sen löytäisit.
Sinä olet valmis.
Sinä tiedät, mitä haluat,
mutta sinä et löydä mitään järkeilemällä, analysoimalla.

On tullut aika päästää irti.
Anna löytöretkeesi liittyvät ajatukset minulle.
Sinä et niitä tarvitse.
Sinä et tiedä, mitä etsit.
Etkä tiedä, miten sen löydät.
Sinä et tiedä mitään.

Anna ajatuksesi pois ja siirry luottamuksen syleilyyn.
Luottamuksen käsi ohjaa sinut päämäärääsi,
kunhan annat toiveesi, halusi ja ajatuksesi luottamuksen syleilyyn.
Me ohjaamme sinua aina ja varmasti.
Sinun on nyt aika hypätä luottamuksen syliin, joka kerta kun muistat!
Me otamme sinut kiinni.

Sipulin ydin on tallella.

Sinä et tule sitä löytämään,

mutta sinä tulet sen MUISTAMAAN!

Kiitos halustasi!

Kiitos luottamuksestasi!

Kiitos jokaisesta muistamisestasi!

Kiitos – kiitos – kiitos.

Sillä

RAKKAUS ON

ja sinä olet rakkaus!

Ikuisesti

♡

1.10.2012

Pyhä Henki
Annan tämän ahdistuksen sinulle.
Toivon ilon, värien ja huolettomuuden takaisin elämääni.
Pyydän niitä takaisin.
Luotan sipulin keskustan pyhyyteen ja totuuteen.
Luotan sinuun.
Kiitos, että olet antanut minulle tämän oppiläksyn opittavaksi,
tämän polun kuljettavaksi.
Kanna minua!
Pyydän, pidä minut pystyssä, kanna minua, ohjaa minua.

- Aamen -

7.10.2012

Kiitos innostuksen palautumisesta.
Kiitos uskon ja luottamuksen herättämisestä omiin kykyihin,
päätöksiin ja valintoihin.
Kiitos päiväunista.
Kiitos pelihetkestä.
Kiitos pojista!

~ Kiitos! ~

Toive, ajatus ja halu on kokea jotain elämää suurempaa.
Rakkautta, joka ylittää oman ymmärryksen.
Autuutta, joka poistaa kaikki epäilykset ja
Valaistumista, joka johdattaa minut ikuiseen onneen –
ilon, valon, rauhan ja rakkauden ikuiseen autuuteen.

Nämä ovat isoja sanoja,
joiden merkitys on vielä sumuverhon peitossa.
Ne eivät ole jotain suurta jossain tulevaisuudessa,
vaan ne ovat minun syvin olemukseni nyt ja aina.
Minun ei tarvitse tehdä sirkustemppuja saavuttaakseni päämääräni.
Minun ei tarvitse tehdä mitään.
Tämä ei ole suoritus vaan antautuminen oleville oloille.
Järjellä tämän tiedän, mutta en vielä ymmärrä, mitä se tarkoittaa.

Rakkaus, autuus, valaistuminen, ilo, valo, rauha, rakkaus
– ovat isoja sanoja.
Samoin luottamus, antautuminen, rohkeus, läsnäolo.

Kiitos, että saan muistaa, kuka olen.

Kiitos, että autatte minua matkallani kotia kohti.

Kiitos, että en milloinkaan ole yksin.

Aamen

86

Lapseni

Rauhan laakso avautuu syliisi.
Sinä vastustat ja vastustelet, ja sinä tiedät sen.
Vastustuksesi on avaimesi. Epäilysi on porttisi.
Avaa tuo portti ja astu sisään.
Antaudu sille mikä on.
Tunnista se ja tutki tunteitasi.
Tarvitsetko niitä?
Mihin niitä tarvitset?
Miltä yrität itseäsi suojata?
Rakkaudeltako?
Sinä huomaat sen!
Talleta tämä sydämeesi – kysy itseltäsi ja luota sydämesi vastauksiin.

Kuuntele.
Pysähdy.
Huomaa – mikä tunne, mitä varten, onko tarpeen.

Kulje tunteiden sisään ja läpi. Katso tarvitsetko vielä tätä tunnetta.
Auttaako se sinua vai estääkö?
Antaako se varmuutta vai epävarmuutta?
Kumpaa haluat?
Matkaasi on riemullista seurata ja tukea.
Me olemme aina läsnä! Ikuisesti!

Aamen

Nyt on kaikki ja minua autetaan.

Kiitos, että...
... minun ei tarvitse miellyttää.
... muistan.
... teen tilaa tälle hetkelle – rauhalle, rakkaudelle, ilolle ja valolle.
... olen.
... annan olla.
... antaudun.
... luotan.

KIITOS TÄSTÄ HETKESTÄ!

♡

Sain ajatuksen siitä, mikä minun työni tulee olemaan:

Olen opas ihmisille ihmisyyteen.

Valo, Rauha, Rakkaus, Ilo
Ihmisen kasvaminen omaksi todelliseksi itsekseen.

Anteeksianto	Armo	Antautuminen
Kiitollisuus	Läsnäolo	Hyväksyminen
Pysähtyminen	Luottamus	Oleminen
Kuunteleminen	Keskustelu	Hiljaisuus

Olen täällä vain ollakseni todella avuksi. (IOK: Tekstiosa, s. 30)

Ohjaa sinä, minä en tiedä,
miten tämän tilanteen kuuluu mennä.
~ *mutta minussa on, Joka tietää* ~

Kun päästän irti, vapaudun.
Kiitos!
  Kiitos!
    Kiitos!

Annan itselleni iloa, vapautta, rauhaa ja rakkautta.
Annan itselleni luvan toteuttaa työni oppaana.
Annan itselleni luvan luopua tietämisestä,
suorittamisesta ja pätemisestä.

Pyydän apua nyt-hetken löytämiseen / oivaltamiseen.
En tiedä mistään mitään.
En ymmärrä mitään.

Puhukoon ja toimikoon Totuus minussa.
Ohjatkoon Totuus mieltäni, ajatuksiani ja sitä kautta tekojani.

Pyydän, että saan nähdä totuuden aina mielessäni!

Kiitos jokaisesta hetkestä,
jolloin pysähdyn tarkistamaan ajatukseni.

Kiitos jokaisesta hetkestä,
jolloin muistan katsoa veljeäni kuin itseäni.

Kiitos Rakkaudestasi!

Kiitos, kun muistan.
Kiitos, että tunnistan.
Kiitos, kun opin.
Armollisuutta, itseäni kohtaan.

Tunnistan pelon, epävarmuuden entistä selkeämmin.
Haluan oppia, miten valitsen vapauden ja rauhan – ilon ja rakkauden.
Katson niitä ja annan niiden mennä, koska tiedän,
että en enää tarvitse noita tunteita.
Vain rakkautta.

Aamen.

Olen hiljaa.
Kuuntelen.
Pyydän hiljaa.
Kuuntelen.
Minä olen.
Nyt.
Valona.
Minä olen.
Nyt.
Aitona.
Minä olen
iloa,
valoa,
rauhaa,
rakkautta.
Armoa.
Aaltoa.
Yhtä.
Kajoa.

Sieluni syvyyksiin teen pesän.
Vapautan ikuisen kesän.
Pysähdyn.
Ymmärrän.
Antaudun.
Avaudun.
Olen perillä.
Kotona.
Olen.

Tuuli lyö lävitseni.
Olen auki ja haavoittuvainen.
Unohtelen.
Olen ihminen.
Kompuroin, etsin, harhailen.

Olen varma!
Löydän sen.
Muistan sen – totuuden.
Annan luvan – antaudun, luottaen.
Mitään tiedä en.

Mielen avaan hetkeen.
Astun tähän retkeen.
Ilon läpi kuljen.
Ikuisuuden syliin suljen.
Kuin keiju höyhenpedillään,
luotan syliin lämpimään.
Katson sisään ja näen sen.
Enää epäile sitä en.
Kaikki on
    ja se riittää.

Aamen

KESKUSTELUA RAKKAUDEN KANSSA

Rakas Rakkaus,

Unohdin, kuka olen. Eksyin. Kompuroin. Kannoin kivirekeä mieleni harteilla. Suoritin. Huolehdin. Halusin olla hyvä.... Halusin olla paras. Näyttää. Päteä. Miellyttää. Todistella muille ihmisille, maailmalle – jotain, ties mitä. Unohdin rakastaa itseäni. Unohdin olla lempeä ja armollinen. Väsyin. Uuvuin rakkauden kerjäämiseen ulkopuolelta. Kaipasin muistutusta lempeydestä, hellyydestä, herkkyydestä – armosta ja aidosta Rakkaudesta. Rukoilin apua ja päädyin luoksesi, puhumaan kanssasi.

Yhdessä olemme katsoneet mitä erilaisimpia ajatuksia, tilanteita, henkilöitä ja tapahtumia, joita olen mieleni pinnalta puhumalla purkanut. Sinä olet auttanut minua näkemään laajemmalla ymmärryksellä. Olet auttanut hyväksymään ja armahtamaan, katsomaan uudelleen lempeydellä ja armolla, anteeksiannolla ja ymmärryksellä – laajemmalla näkökulmalla.

Olen sanoinkuvaamattoman kiitollinen, että olen saanut ja käyttänyt mahdollisuuden tulla puhumaan kanssasi, kysymään kysymyksiä, purkamaan ajatuksia, ahdistusta, epävarmuuksia, ristiriitoja, ongelmia, kertomaan iloista ja suruista – ihmettelemään, kummastelemaan, kuuntelemaan – olemaan läsnä Rakkauden läsnäolossa, armossa, lempeydessä ja rauhassa.

Jokainen keskustelu on ollut omanlaisensa aivan niin kuin olotilat ja ajatukset, joiden kanssa olen luoksesi tullut. Ensimmäiset keskustelut ovat olleet rauhallisia ja "asiallisia", myöhemmin olen myös huutanut, kiroillut, kiukutellut ja kapinoinut, mutta aina – olinpa millaisissa oloissa tahansa – Sinä olet ainoastaan rakastanut minua ehdoitta. Olet ollut lempeä ja armelias. Olet antanut tilaa tunteille ja oloille – olet kuunnellut ja valaissut tietä. Et ole milloinkaan lähtenyt mukaan pelkooni vaan lempeästi olet ohjannut ajatukseni ja ymmärrykseni tyyneyteen ja hyväksyntään. Kiitän Sinua ja itseäni rajattomasti! Kiitän siitä, että olen tullut luoksesi ja pyytänyt apua, että olen kysynyt ja avannut sen hetken ajatuksiani, tunteita, tilanteita, tapahtumia. Sillä ilman kysymystä ei ole vastausta. Kiitän Sinua kaikesta avustasi, joka on ymmärrystä ylempi.

Kyllä, olen jännittänyt. Kyllä, olen yrittänyt salata asioita, jotka Sinä lempeästi olet nostanut tietoisuuteeni, kun olet nähnyt halukkuuteni vapautua. Kyllä, olen syyllistynyt ja reagoinut välillä voimakkaastikin. Kyllä, olen änkyttänyt, hakenut sanoja, ollut sitä mieltä, että Sinä et ymmärrä mistään mitään. Mutta itseäni olen peilannut kauttasi. Olen syyttänyt niin Sinua kuin veljiänikin, koska itsessäni olen kantanut syyllisyyttä, eikä tuo syyllisyys, pettymys, viha olisi voinut mitenkään muuten tulla itselleni näkyväksi – muuten kuin veljieni kautta.

Henkilöt, jotka esiintyvät kysymyksissäni ovat viattomia Jumalan poikia, joita Rakkaus rakastaa aina ja kaikissa tilanteissa täydellisesti, ehdottomasti ja pyyteettömästi. He ovat auttajia ja pelastajia, jotka ovat apuna matkalla kotiin rakkauden muistamiseen. He ovat nostattaneet mielessäni kysymyksiä, ristiriitoja, epävarmuuksia, syyllisyyksiä ja ties minkälaisia reaktioita eri muodoissa. He ovat parhaita opettajiani. Rajaton kiitos jokaiselle! Sillä joka kerta – kysyinpä mitä tahansa ja millä sanoilla tahansa – olen ollut halukas katsomaan toisin, lempeydellä ja armolla. Olen halukas näkemään rakkauden, viattomuuden ja vilpittömyyden hänessä ja itsessäni samanarvoisena. Kuten Rakkaus usein muistuttaa: "Minä olen sinä ja sinä olet minä, jokaisen kanssa. Me emme ole koskaan erossa toisistamme."

Sisimmässäni on vankkumaton halu olla vapaa pelon ja sen miljardien eri muotojen kahleista. Yhtä vankkumaton on tahto muistaa Rakkaus itsessä ja muistaa Totuus jokapäiväisten tapahtumien ja tilanteiden keskellä.

Keskusteluissa olen liikuttunut, herkistynyt, itkenyt ja nauranut. Kerta toisensa jälkeen olen palannut luoksesi, sillä en ole löytänyt maailmasta parempaa paikkaa reagoida, syyllistyä, änkyttää, jännittää, kapinoida, kiukutella – olla kaikenlaisissa oloissa kuin Sinun läsnäolossasi, puhtaan Rakkauden läsnäolossa, missä olen tullut kuulluksi ja hyväksytyksi juuri sellaisena kuin olen.

Olen syvästi kiitollinen jokaisesta keskustelustamme niin Rauhan Rannassa kuin ajattomassa ja rajattomassa yhteydessä, jossa olemme jatkuvasti yhtä – erottamattomat.

Rakastan Sinua rajattomasti!
Rajaton kiitos Sinulle, minulle ja jokaiselle.
Kiitos!

Elokuussa 2017

Kirjoitustyyli osana sisäistä matkaa

Keskustelut Rakkauden kanssa on nauhoitettu ja kirjoitettu nauhoituksista suoraan sellaisina kuin ne on käyty. Änkytykset, murteet, keskeytykset, sanojen hakemiset, hihitykset, huokaukset, ähinät ja puhinat on kirjoitettu näkyviin. Pisteet ja pilkut on laitettu kielioppia kunnioittamatta.

Keskusteluissa esiintyy täytesanoja niin kuin ajatuksissa ja puheissakin. Niiden avulla on mahdollista katsoa itseään armolla, hyväksynnällä ja lempeydellä sekä ottaa vastaan mahdollisuus – hyväksyä mahdollisuus muuttaa käsitys itsestään kiitollisuudeksi.

Keskusteluissa hiljaisuudella ja tauoilla on merkittävä osuus ja siksi kirjoitettu teksti on myös tauotettu tyhjällä tilalla sanojen välissä, … pisteillä … ja tyhjillä riveillä hiljaisten hetkien mukaisesti.

Rakkauden sanat on kirjoitettu tummennetulla ja minun normaalilla fontilla. Harryn osallistuessa keskusteluun on hänen (ja minun) puheet merkitty selvyyden vuoksi nimien alkukirjaimilla.

Jokainen kysymys on lähtöisin omista ajatuksistani, eikä kerro kysytyistä henkilöistä muuta kuin minun sen hetken näkemykseni, uskomukseni, ajatukseni itsessäni ja itsestäni. Kohtaamieni ihmisten kautta nämä ajatukset ovat saaneet tulla näkyviksi. Kysymäni ajatukset ja uskomukset olen ollut halukas näkemään Rakkauden näkökulmasta, laajemmalla ymmärryksellä, kiitollisuudella ja hyväksynnällä.

Osa henkilöiden nimistä on poistettu ja korvattu neutraaleilla ilmaisuilla, sillä oleellista ei ole se keitä nämä henkilöt ovat tai mikä on ollut heidän roolinsa tai suhteensa kysyjään. Merkitys on sen sijaan niillä ajatuksilla ja kokemuksilla, jotka tulevat näkyviksi itsessä heidän kauttaan ja heidän avullaan, jotta on mahdollista löytää vapaus muotojen ja roolien orjuudesta. Tämä on mahtava mahdollisuus antaa anteeksi persoonallisuuksille, henkilökohtaisuuksille, rooleille ja eriarvoisuudelle, sillä jokainen veli, mistään riippumatta, on täällä auttamassa, jotta näemme ne kokemukset ja ajatukset itsessä, joita emme ilman heitä näkisi. Näin he auttavat *huomaamaan*, mitä itsestäni aattelen.

Muodot eivät ratkaise vaan se, millä *sisällöllä* katson – henkilöitä, nimiä, tyyliä, tilanteita, tapahtumia, ajatuksia, tunteita, mitä tahansa. Katsonko rakkauden, lempeyden ja armeliaisuuden kautta vai pelon, tuomion ja arvostelun sisällöllä. Jälkimmäisessä tapauksessa on aina mahdollisuus valita ajatuksensa uudelleen ja pyytää apua, jotta Rakkaus saa laajentua.

Kirjoitustyyli on osa sisäistä matkaa, löytöretkeä Itseen aitona ja korjailemattomana senkin uhalla, että tekstiä on vaikea lukea tai ymmärtää. Senkin uhalla, että teen virheitä. Senkin uhalla, että joku reagoi.

Ah, mikä rikkaus siinä onkaan – reagoinnissa. Ne ovat lahjoja ja timantteja, jotka nostavat mielen pintaan kokemuksia, jotta pelon eri muodot tulevat meille näkyviksi ja sitä kautta on tilaisuus muistaa mahdollisuus valita uudelleen ja antaa anteeksi.

Olen paininut mm. seuraavien ajatusten kanssa: "Voiko näin kirjoittaa? Voinko kirjoittaa puhetta suoraan niin kuin se on puhuttu eli voinko kertoa elämästä sellaisena kuin se on, aitona, läpinäkyvänä? Mitä ihmiset *minusta* ajattelevat?" Kiitän, että nämä ajatukset ja maailman miellyttämiset ovat tulleet näkyviksi, sillä tarkoitus ei ole miellyttää ketään, ei edes itseä.

Tarkoituksena on antaa anteeksi menneet kokemukset, joissa olen tuominnut, arvioinut, syyttänyt, syyllistynyt, joissa olen ollut itselleni armoton. Tarkoituksena on hyväksyä itseni sellaisena kuin olen ja hyväksyä jokainen sellaisena kuin hän on kaunistelematta, silottelematta, kaikilla mausteilla mitään muuttamatta, mitään poistamatta, mitään lisäämättä – ehdottomasti. Tahto on muistaa rajaton, ajaton, pyyteetön, ehdoton, kaikenkattava Rakkaus – ikuinen, muuttumaton Totuus.

Reaktio – uusi mahdollisuus

Lukiessa Rakkauden päiväkirjaa ja keskusteluja Rakkauden kanssa mieli saattaa reagoida. Reaktiot auttavat huomaamaan, mitä itsestäni aattelen. Ne antavat mahdollisuuden huomata, tunnistaa ja valita uudelleen – ajatuksensa. Valita, miten suhtaudun.

Reaktiot voivat nousta pintaan aivan mistä tahansa niin kirjaa lukiessa kuin elämässä yleensäkin. Näiden kysymysten ja reaktioiden avulla jokainen kohtaa itsensä ja matkustaa omaan sisimpäänsä.

Reaktiot ovat avaimia
mielen muutokseen,
kaipauksen kasvuun ja vapauteen.

Mahdollisuudet ovat rajattomat.

Mahdotonta ei ole.

Ilman reaktioita nämä rajattomat mahdollisuudet, joita arkinen elämä tarjoilee päivittäin, eivät voisi tulla näkyviin. Ilman veljiämme ja siskojamme – ilman toisia ihmisiä, emme näkisi niitä kipukohtia, joita itsessämme on, joita itsellemme olemme piilottaneet. Nämä kipukohdat ovat avaimia Rakkauden muistamiseen. Ne nousevat pintaan – näkyviksi ja kuuluviksi itsellemme – reaktioiden avulla, veljiemme avulla, maailman muotojen ja tapahtumien avulla.

Kun reaktiot tulevat näkyviksi ja kuuluviksi omassa mielessä, silloin on mahdollisuus pysähtyä, kuunnella itseään ja antaa anteeksi hiukkanen kerrallaan. Meidän tehtävämme on *huomata* omat ajatuksemme ja antaa mielessä lupa, jolloin Rakkaus saa pyyhkiä pois eli antaa anteeksi menneitä kokemuksiamme ja reaktioitamme sen verran kerrallaan, mihin olemme milläkin hetkellä valmiina.

Arjen toistuvat tapahtumat ja reaktiot ovat oivallinen apuväline ajatusten *huomaamiseen*. Ilman vanhempien, lasten, puolison, ystävien, tuttavien, sukulaisten, työkavereiden, tuttujen, tuntemattomien, elokuvien, kirjojen ja maailman tapahtumien aikaansaamia reaktioita mielemme uskomukset ja ajatukset eivät voisi tulla itsellemme näkyviksi.

Siksi toistuvat reaktiot, toistuvat tilanteet ovat lahjoja, sillä samalla toistuu mahdollisuus huomata ajatuksensa. Ovatko ne pelon ajatuksia: syyttämistä, syyllistymistä, ahdistusta, vertailua, vaatimuksia, vihaa, kaunaa, kateutta, odotusta, epävarmuutta, ristiriitaa, tuomitsemista vai rakkauden ajatuksia: tyyneyttä, rauhaa, varmuutta, kiitollisuutta, puolustautumattomuutta, hyökkäämättömyyttä, hyväksyntää, armoa, lempeyttä, iloa, valoa.

Toistuvatkin tilanteet saattavat muuttua joskus äkkiarvaamatta, joskus pikkuhiljaa, huomaamatta. Samoin kirjaa uudelleen lukiessa reaktiot voivat muuttua, ymmärrys laajentua ja avartua. Ärsytyksen kohteet: ajatukset, sanat, tauot, tapahtumat, tilanteet, kirjoitustyyli, henkilöt alkavat tuntua neutraaleilta, vapautua, avautua uudella sisällöllä.

Jokainen hetki on uusi puhdas mahdollisuus rakastaa itsensä ehyeksi armolla, lempeydellä, kiitollisuudella.

Antaa lupa reagoida,
sallia ajatusten ja tunteiden nousta pintaan.
Antaa ja sallia esteiden nousta esiin,
jotta ne saavat vihdoinkin
tulla näkyviksi, tulla kuulluiksi,
jotta ne saavat viimeinkin vapautua.

Rakkaus on
ehdoton, pyyteetön.
Se ei kiellä mitään, ei käske mitään
vaan sallii kaiken
ja rakastaa jokaista aina – ehdoitta.
Mitään yrittämättä,
mitään pakottamatta,
mitään lisäämättä,
mitään pois ottamatta,
mitään muuttamatta.
Aina ja ikuisesti.

Käytännön esimerkki reagoinnista

20.10.2019

Kirjan kautta peilaan itseäni. Puolustautuminen nousee pintaan, kun katson veljien toivetta muuttaa tekstiä vähemmän puhekieliseksi.

Minussa nousee tunne, että minua yritetään muuttaa, että minun tulisi olla toisenlainen, erilainen, että olen kelpaamaton tällaisena kuin olen. Vaikka en ole kirjani, niin kirjakin on peilikuvani. Sen kautta katson mennyttä kokemusta, joka saa tulla näkyväksi ja kuulluksi itselleni. Pysähdyn. Hengitän. Kohtaan olot, tunteet ja kokemukset.

Nyt, tässä hetkessä kirjaprojekti nostaa pintaan kelpaamattomuuden kokemuksen. Se jyskyttää suonissa, hengästyttää, ärsyttää, kuohuttaa. Se huutaa sisuksissani tuskaansa: "Rakastakaa minua tällaisena kuin olen, sillä unohdin itse rakastaa itseäni. Auttakaa!!!"

Siitähän kaikki kelpaamattomuus kumpuaa – ajatuksesta, että joku... että pohjimmiltaan Jumala hylkäsi minut. Ajatuksesta, että en kelpaa, en riitä, en ole rakkauden arvoinen. Ja siitä kaipauksesta tämä kirja on syntynyt, kaipauksesta olla itse itselleen arvokas, olla rakastettu, olla hyväksytty itselle.

Ei liene sattumaa, että tämä kokemus saa nousta pintaan juuri nyt, juuri ennen julkaisua. Käytännön esimerkkinä siitä, mitä kokemusten katsominen, ajatusten huomaaminen on. Ne saavat todella tulla pintaan ja tuntua – kaikki ärsytykset, vihat, kiukut ja puolustelut, aivan kaikki olot ja tunteet, tervetuloa!

Kiitän siitä, että olen kirjaprojektin kautta ja sen avulla saanut todella turvallisesti ja turvassa katsoa kokemuksiani ja antaa niiden nousta pintaan. Ja niin ärsyttäviltä kuin ne tuntuvatkin, ne saavat tulla esiin, jotta ne saavat vapautua! Ja samalla rakkauden muistaminen saa helpottua, nopeutua ja vahvistua.

Tämän kelpaamattomuuden kokemuksen avulla minussa saa vahvistua kokemus, että minä saan olla juuri sellainen kuin olen milläkin hetkellä, sillä sitähän olen joka tapauksessa. Mieli ja muisti saavat palautua siihen kokemukseen ja tietoon, että minä kelpaan itselleni. Minä hyväksyn itseni.

1. Keskustelu: Mikä minusta tulee isona?

12.11.2012

Ammatinvalinta, muutos, halukkuus

Terve terve.

No niin. Terve.

Tota...ensinnäkin mä oon pitkään ... mm ... käyny läpi itteni kanssa semmosta prosessia, että ... että mikä musta tulee isona. Ja oon vaihtanu ammattii jo kertaalleen ja nyt edelleen mietin, että mikä musta tulee isona ja mihin suuntaan pitäis lähtee ja katsoo.

Eikö se ole hyvin onnellinen tilanne?

Missä mielessä?

Siinä mielessä, että ei ole vielä niitä lukkiutuneita vaatimuksia ja odotuksia vaan on avoin mieli.

Mmm. Joo. Kyl mä oon sitä kokenu nii, että ... et on helpompi täl hetkel tehdä töitä, ku ei tarvii olla sidoksissa siihen työhön, mitä tekee ni jo mielessään kolmekskymmeneks vuodeks tulevasta.

Juuri sitä minä tarkoitin. Se vaan vangitsee mielen. Ja näin kun sinulla on halu siihen, että muutos saa tulla, niin muutos tulee varmaakin varmemmin,

Mmm.

koska jokainen hetki on uusi, täysin puhdas, täysin viaton. Ja kun on halukkuus nähdä uudella tavalla, niin voisiko onnellisempaa tilannetta olla?

Mmm. Ei varmasti.   Mmm. Mä en oo ajatellukaa asiaa tolla tavalla.

Näin se vapauttaa sinun mielesi.

Pitääkö mun sit tietää, mihin päin mä haluan suunnata vai onkse vaan niinku valinta joka ikinen hetki?

Valinta on vain jokainen hetki. Ja sattumaa ei ole olemassa.
Mmm. Eli mun ei tarvii yrittää tehdä mitään vaan luottaa siihen, et ne asiat, mitkä on tarkoitettu, niin ne tulee.

Täydellisesti.

Mm.
Vaan jokaisena hetkenä tehdä parhaansa itselleen vapaudeksi, itselleen tyyneydeksi ja varmuudeksi.

Hmm. Mä oon miettiny paljon sitä, että kun mä oon hakenu tämmösii erilaisii ohjaajakoulutuksia, et mikä siäl on ollu taustalla, et miksi mä haen? Tietynlainen halu auttaa ehkä muita, mut sit kuitenki mul on tullut nyt viime aikoina semmonen vastustus, et et mä haluunkin niin kun saada tän itselleni. Et mä haluun ensteks oppia itseni kautta ennen ku mä pystyn antamaan mitään toisille. Ja sit siinä vaiheessa, ku pitäis päättä, että lähdenkö mä uuteen ammattiin tai siirtymään siihen asiaan, mihi mä oon kouluttautunu, niin mul on tulluki semmone vastustus, etten mä halua lähtee tähän. En mä oo viäl valmis.

Voisiko sitä niin sanottuna opiskellakaan, koska jokainen hetki on uusi. Jokaisella on aivan omat ajatukset ja omat kokemukset.

Itsestään se kaikki rakkaus itseä kohtaan lähtee.
Mmm.

Ei ole mitään muuta mahdollisuutta kuin kokemuksensa perusteella auttaa muita. Ja kokemus voidaan uudistaa jokainen nyt-hetki.

Mites siihen nyt-hetkeen sitte saa kiinni, otteen? Ku tuntuu, että et ... hhmh m-mä luen asioita ja tiedostan tietyllä tavalla ehkä pintapuolisesti, et näinhän ne kuuluu mennä, mut mä en oivalla sitä nyt-hetkee tai mä en .. mä en saa siihen otetta, et mul on semmonen epämääränen joku pelon ja epävarmuuden möykky. Mä en uskalla jotenki antautuu sille nyt-hetkelle enkä luottaa siihen, et se tieto on mussa.

Katsopas, pelko ja kokemus ovat sama asia, epävarmuus. Jokainen siellä ajan maailmassa on oppinut, ylioppinut siihen, että olisi muille hyväksytty.
Onko tuttua?
On.

Ja kun se lähtee siitä ajatuksesta, niin ajatus ei olekaan siinä kallisarvoisessa itsessä, viisaudessa ja varmuudessa.
Sallitko vastakysymyksen?
Mmm. Tottakai.

Kumpi on helpompaa, olla epämääräisessä pelossa vai olla nyt-hetkessä, kaikki on hyvin juuri nyt?

Tuntuis paremmalta olla nyt-hetkessä, mutta se oivaltaminen siitä puuttuu multa jotenki.

Ei sitä tarvitse yrittääkään oivaltaa.
Kiitollisuus on yksi äärettömän tärkeä nyt-hetken kokemus.
Ja sinähän olet hyvin paljosta kiitollinen.

Mmm-m.
Siis, sinähän olet sen jo kokenut,   sen nyt-hetken, jossa mitään ei puutu.
Mmm.

Itse asiassa se onkin sinulle jo aika tuttu.

Mikä siinä on, et se välillä aina katoilee sieltä mielestä?

Ainoastaan odotus.

103

Eli suuntaa ajatukset tulevaan, eikä pysy siinä.

Juuri näin.

Joo.
Ja kun on odotus, niin odotuksesta seuraa yleensä aina myöskin pettymys,   joka pudottaa mielen epävarmuuteen.

Mmm-m.

Itseni etsiminen, ihmissuhteet, ajatuksen huomaaminen ja valinta

Miten tota sä näkisit tän asian, että .. et onko parempi tai oisko mun parempi niin kun pysähtyä ja rauhottua   ja keskittyy siihen itsen kuuntelemiseen, ku se et mä haen sitä tietoa ulkopuolelta?

Koskaan et voi tietää.   _Koskaan_ et voi tietää, … kuka sinulle antaa hyvinkin tärkeän tiedon. Joka tarkoittaa sitä, että jos kääntyy täysin sisäänpäin ja sulkee kaikki, koko maailman ulkopuolelle …. kokonaan, niin ei voikaan kuulla niitä vastuksia, jotka ovat siellä sisällä odottamassa. …. Koska maailma on kulissi ja _siinä ihmissuhteiden_ merkitys on kaikkein tärkein.

Ainoastaan havahtuu vartioimaan ja seuraamaan ajatuksiaan: "Onko tämä epävarmuuden ajatus vai onko minun juuri nyt …. todella hyvä, turvallinen, varma olo?" Ja se voi tapahtua _aivan missä tahansa_ … isossa ihmisjoukossa tai tiskatessa, missä tahansa, kun sen vaan valitsee.

Ä-saanko mä kysyy viäl tarkennuksen, et valitsee minkä?

Valitsee sen tyyneyden ja varmuuden.

Aivan, eli jos mä teen jonkun valinnan, ni vaan valitsen, et mä oon tyytyväinen siihen, enkä mieti enää. Ja sitte katotaan joka hetki, et mi-mitä se valinta tuo tullessaan.

Juuri näin. **Ja ku sinä teet valinnan … sillä tavalla, että sinä koet, että näin sen täytyy olla ja näin se on.**

Mutta jos sinä teet valinnan epävarmuudessa ja pelossa, niin se valinta on pelossa tehty ja silloin se ei johda sinua varmuuteen.

Mm.
Siksi älä tee mitään valintaa niin kauan kuin olet epävarma. Odota, kunnes mielesi on tyyni, mielesi on … kiitollinen, ni se ajatus tulee välittömästi … silloin, kun sen aika on.

Mmm … eli rauhoittaa se tilanne niin kauaksi aikaa, kunnes se varmuus tulee.

Juuri näin

H: Ja sitte on hyvin tärkeä huomioida nytte tämä, että *"kun aika on."*
M: Mm.
H: Eli ihmismielihän haluaa, että nyt heti se…
M: On.
H: … pitää tulla.
M: Mmm, niinpä.

H: Saattaa olla, että menee vuosikin.
M: Nimenomaan.   Kyllä.   Joo.

Ja aika tarkoittaa just sitä, että kun maailmassa on ihmissuhteiden parantamista varten, itsensä löytämistä, itsensä rakastamista. Ei enää itsensä syyllistämistä …
Mmm.
… ja itsensä tuomiota. Vaan vapautta, varmuutta, iloa ja kiitollisuutta. Niin kaikki jotka liittyvät   jokaiseen ratkaisuun,

105

kaikille täytyy antaa aika. Että jokainen mieli hyväksyy, että tämä on se paras kaikista. Siksi ei voi kiirehtiä.
Mmm-m.

Se onkin se mun ongelma, ollu ainaki, heh. Kauhee hoppu jonneki ja ajatus on niin pitkällä jo, ettei nää sitä tätä hetkee.

Mikä on minulle parhaaksi, hyväksyminen, ansaitseminen, löytäminen
Haluaisitko kirjoittaa itsellesi lauseen?
Joo-o.

Mmm-m.

Minä en tiedä, mikä on minulle parasta.

Mmm-m.
Siksi jätän sen viisaampien käsiin.

Mmm-m.
En ulkopuolelle

Mmm-m.
vaan itseni totuudelle.

Mmm-m.
Miltäs se kuulostaisi lueskella sitä?

Hyvältä. Näin sen pitäis mennä.

Niin se saa mennä.
Hy, mmm-m.

Koska jokainen on sinne ajan maailmaan tullut valitsemaan rakkauden ja *itsensä* hyväksynnän.

Aivan.

Mitään ei tarvitse *ansaita*. **Rakkautta ei voi** *ansaita*, **koska sinä** *olet se jo*.

(Kännykkä soi)
Mutta sen voi löytää. Eikö vaan?
M: Kyllä.
(Kännykkä soi ja puheluun vastataan)
H: Mä soitan sulle tunnin päästä takasi.

M: Kyllä.
Mutta sen voi löytää useammalla oivalluksella, yhä useammalla kokemuksella varmuudesta. Kun epävarmuus, joka todella kärjistetysti on aina pelko,
Mm-m.
jota ei enää tarvitse.   Näin alkaa totuus itsestä löytyä.

Ja maailmaa alkaa katsomaan uusin silmin: Jokainen on saman-arvoinen.

Kyllä.
Ja näin auktoriteettiongelma katoaa, jolloin ei tarvitsekaan itseään moittia ja syyllistää. Se on vaan totuttu kerjäämisen tapa, että olisi hyväksytty muille.

Mmm-m.

Huomaatko, kun minä käytin kerjäämistä
Mmm-m.

ihan tarkoituksella sen vuoksi, että havahtuisi, että "Hetkonen, eihän minun tarvitse kerjätä yhtään mitään, koska minussa on, niin kuin jokaisessa, ... täysi voima, täysi viisaus, täysi varmuus." Saa vain herkistyä löytämään sen.

Niin.

Aivan niin kuin sinä nykyisessä työssäsi.

Nii-in.
Eiks saa löytämään … Eikö ole mahdollista joka hetki löytää toisissa sitä viatonta lapsenmieltä?
Mmm.
Miten siihen osais ohjata paremmin?

Ainoastaan hyväksymällä ja katsomalla hänessä sitä parasta, joka hänessä on. Koska jokaisessa on pelko tai rakkaus, eivätkä ne olla … voi olla yhtä aikaa läsnä.

Ja näin voi luopua pelosta. …. Olla viisaudessa, niin sanat tulevat ihan itsestään viisaudessa. Siitäkin sinulla on kokemus. Eikös ole?

Mmm, nyt en… Mulla on semmosia pieniä häivähdyksiä hyvästä olosta. En tiedä, onko ne sitten sitä viisautta. Joo, ehkä mul on pieniä häivähdyksiä siitä.

Alussa se on hyvin hiljainen ja pieni häivähdys, mutta se, mihin kiinnität huomion, se kasvaa.
Mmm-m.

Haju, punaiset liikennevalot, kiire, ajatuksen voima
Saanko mä kysyy tosta, kun mua ärsyttää tupakointi ihan … se tupakan savu. Niin tota, miten mä … löytäisin siihen … semmosen anteeks-antavan ajatuksen … tai hyväksynnän tai jotain, mikä pystyis vapauttaa mut siitä kiukusta, mitä mä tunnen häntä ko…tai sitä, ei häntä vaan sitä tilannetta, sitä savua ja ikävää hajua kohtaan?

Jatka vaan se koko asia mielestäsi nyt pois, että voidaan täyttää tilalle uudenlainen näkemys.

Mmm eli mua ärsyttää se, ku se haju tulee sieltä ilmastointeja pitkin. …
Ja se on joka ikinen ilta siihen aikaan suunnilleen, ku meillä mm..mä
tykkäisin tuulettaa ja saada raitista ilmaa sinne huoneeseen, niin sit siäl
on se ällöttävä haju. Ja mä en tiedä, liittyyks nää kaks asiaa toisiinsa,
mut sit mul on semmone ajoittain myös, kun itellä on semmone kiireen
tuntu. Mä en tiedä, miks mun pitää niitä punasia valojaki närkästyä aina
niille.

Niin nää on semmoset kaks asiaa, mitä mä en oikeestaan ymmärrä, et
miks mun pitää olla niin … tai mä valitsen sen kiukun sen sijaan, että
mä löytäisin jonkun ajatuksen, mikä antaa sen pois.

Sallisitko pienen vertauksen?

Ilman muuta.

Sinäkin tiedät sen, että järjestys se olla pitää, jonkinlainen ainakin.
Mmm-m.

**Ja näin kun sinä olet niissä liikennevaloissa, niin eikö se ole sinun
suojasi ne punaiset liikennevalot?**
Mmm-m. Kyllä.

Järjestys se olla pitää, ettei pauku kaiken aikaa.
Mmm-m.

**Mutta kun on kiire, … ni silloin se ärsyttää, mut onko sinulla kiire
itse asiassa?**
Ei. Ite luotuahan se on.

Ja se mikä on tehty, voidaan tehdä tekemättömäksi.
**Huomaatko, miten tuli aivan rauhallinen olo siitä, että ei ole mitään
järkeä kiukustua niille punaisille valoille?**
Mmm-m.

Koska jos kaikilla on kiire yhtä aikaa, ni soppahan siitä syntyy.

Näin se on.

Mutta onk sinulla itse asiassa koskaan kiire?

Mä luulen, että mul välillä on, ... mut eihän se ole todellista. Itse vaan se on sitä kelloon kattomista ja kiireen luomista.

Tämä on helpompi tämä liikennevaloasia, kun sinä saat tähän oivalluksen, niin sinä saat myös moneen muuhun oivalluksen.

Itse asiassa jälleen kerran: Onko sinulle kiire?

Ei.

Ajatus on maailmankaikkeuden suurin voima. Kun sinä ajattelet, että sinulla on kiire, ... ni sinä kokemuksellasi, opitulla kokemuksellasi ... saat juuri aikaan sen kiireen tunnun.
Mmm.

Mutta se ei ole sinun syysi, eikä sinun tarvitse syyttää. Mutta on mahdollisuus kääntää katseensa vastakkaiseen ajatukseen: "Minä ennätän aina kaiken."

Aivan.
"Minulla ei ole koskaan kiire.   Kaikki järjestyy."

Mmhy.

Ja näin, kun sinä katsot kelloon, niin sinä alatkin lähteä vähän aikaisemmin. "Minulla ei ole kiire. Lähdenpä jo, ettei tarvitse ajatella kiirettä."
Mmm-m.

Näin sinä alkaat kiinnittämään huomiosi kiireettömyyteen.

Ja se on yksi mahdollinen niistä miljoonista mahdollisuuksista, jolloin voi katsoakin kaikkea päinvastoin.

Aivan.

Kun alkaa vartioimaan ajatuksiaan, niin huomaa, että "Aha, tää ajatus on epävarmuudesta, enkä mä enää sitä tarvii."

Mmm.

"Haluan varmuuden. Haluan rauhan. Vain se on minulle kyllin hyvää." …. Näin sinä alkaat muuttamaan *kokemustasi* kaikesta, löytämään itsesi.

Ja huomaatko, miten … mielessä jo laantuukin se
Mm, huomaan.

häntä kohtaan tuntema kiukku.
Mmm-m.

Kun se yhdestä alkaa, se siirtyy kaikkiin muihinkin.
Mmm. Miälenkiintosta.

Eiks olekin? Äärimmäisen mielenkiintoista.

Aikataulut, kiire, tieto, varmuus, pakottaminen

Onko tää tää sama asia siinä, ku mul on niin tietynlainen tää aikataulutus ja aikariippuvuus ja dead linejen perässä tavallaan roikkuminen, nii tää on varmaan niinku sitä samaa asiaa?

Kaikki liittyy pelkoon, ennätänkö.
Mmm.

111

Ja mihin se oli se kiire.

Juuri näin.

Katsopas, kun sinulla on varmuus joka hetki ... ja tieto siitä, että nyt on nyt-hetki. Niin itse asiassa sinä olet tehnyt jo ne kaikki työt ennen kuin dead line on. Ihan mielellään ja onnellisena ja iloisena.
Mm.
Se on nyt pulkassa tämäkin ja alat nauttimaan täydellisestä kiireettömyydestä.
Mmm.
Aikaa on.   Sitä tarkoittaa nyt-hetken hyväksyminen.

Mm, ja jos joku jää dead linen jälkeen, nii mitä väliä silläkään loppujen lopuksi on.

Kaikki ovat oikaistavissa.   Mutta arveletko, että se kovin monasti voisi edes toistua, ku varmuudessa olet ja aikaa on.

Mmm. Ei välttämättä.   Elikä jos se on lähteny pelosta, nii silloin ne saattaa venyä ja paukkua.

Ja mennä pieleen moneen kertaan ja korjata.
Mmm-m.

Hukkaan heitettyä aikaa.

Mmm. Koska ei oo halunnu välttämättä tehdä, mut on taistellu sen kanssa, et sais sen vaan tehtyä.

Kaiken, mihin sinä pakotat itseäsi, kaikessa on vastenmielisyys eli pelko.

Mmm-m.

Et sinä vapaaehtoisesti toivota mennen tullen tervetulleeksi: "Meille pelkooo. Minä aukaisen oven. Hei, sieltä kadulta, tule pelko meille."

Niinpä.

Heittää leikiksi se.   Niin on helpompi oivaltaa.
Aivan.

Eikös olekin?
On, on.   Kyllä.

Ja nyt voidaan mennä siihen tupakan hajuun. Mitäs tahtoisit nyt kertoa hänelle?

Joo, hän voi mun puolesta olla. Ei siinä. Sehä on vaan savua. Se, miten mä suhtaudun, ni se on sitte mun valinta.

Huolehtiminen, kommunikointi, mahdollisuus tulla kuulluksi

Mutta katotaas tota… hhh…. Toi ehkä heidän kanssa … heidän kanssa semmone asia, että mä kannan huolta siitä, että kattooko ne liikaa televisiota ja pelaako ne liikaa pelejä ja millon ois hyvä kieltää ja millon, millon hyvä antaa periksi, ……….. et … hhh ... et tavallaan semmone, että mä oon kuitenkin se aikuinen ja pidän huolen … huolen siitä, että heil on se hyvä olla ja et mä nään sen kokonaisuuden eri tavalla, ku he pystyy sitä hahmottamaan. Mut se, että millon on sit kuitenki hyvä mun antaa periks ja antaa heidän itte valita, et ... et he oppii siihen myös itse, et … he osaa pitää huolta itestään.

Huomaatko, kuka siitä kärsiin, ku sinä kannat huolta?

Minä.

Onkse rakkautta heitä kohtaan?

Ei.

No, onko se tarpeen?

Ei.

Olisiko mahdollista, että ... aina keskustelisitte, kokemuksien vaihtoa niistä ohjelmista?

Mmm. Ois.

Miten koit sen?

Sen ajatusten vaihdon vai?

Ei vaan, heiltä kysyä: "Miten koit sen ohjelman?"

Nii, aivan.

Anna heille vapaus innoissaan kertoa se.

Mutta sitten voit sanoa vain, että se *sinulle* **vaarallisissa kohdissa elikkä, kun lyödään ja tulee verta, niin kertoa se, miten niitä juttuja tehdään. Ne lavastetaan ja ne piirretään. Ne...ne eivät ole tätä arkielämää**

Mmm.

vaan ne on piirrettyjä ja kuvattuja. Niin sanottuja leikkaa poikki, leikkaa ja liimattu yhteen, ettei ole sitä tomaattiketsuppia näkyvissä, kun sitä pursutetaan.

Mmm-m. Niinpä.

Näin sinä annat heille   mahdollisuuden   tulla kuulluksi.

Saa puhua kaiken pois, mikä voi pelottaa.
Mmm-m.

Ja mitä enemmän kuuntelet, sen suurempi on heidän luottamuksensa, että niissä on paljon täydellistä näytelmää: leikkaa poikki, liimaa, leikkaa poikki –kuvattu.
Mmm.

Olisiko mahdollista joskus heidän kanssa tutustua vaikka kirjastossa, miten elokuva tehdään?

Mmm-m.   Joo-o.

Sillä maailma on kulissi. Maailma ei ole   ikuinen, pysyvä ja muuttumaton, mutta rakkaus sinussa ja jokaisessa on ikuinen, pysyvä ja muuttumaton.

Mmm.

Ja rakkaus jokaisessa. Jokainen tuli valitsemaan ja tekemään sen valinnan, että löytäisi rakkauden itsessään.
Mmm-m.

Ei ole ainokaistakaan, joka ei rakkautta kaipaa. Mutta löytää se itsessään, vasta silloin sen löytää.

Niinpä.   Niinpä.

Maailma ei ole hyvä eikä paha. Se on syntynyt puutteesta ja sitä käyttää pelko. Mutta maailman voi nähdä myös toisenlaisena, ymmärtäen ...... ymmärtäen syvästi, että kukaan ei tahallaan pahaa tee.

Mmm.

Vaan jokaisella on sama kaipuu   hyväksyä itsensä syyttömänä.

Mmm-m.

Eikös tulekin jo helppo olo, kun ei tarvitse myllynkiviä ripustaa heidän   kaulaansa.
Mmm. Kyllä.
Vaan voi keskustella

Joo.
ja yhdessä katsoa.

Paljon helpompi.   Miten se onki niin unohtunut se yhdessä… se kuuntelemine ja kysymine.

Siksi, koska huoli on vienyt pääosan näytelmästä.

Mmm.

Kysymisellä on vain ani harvoin sivullisen rooli.   Ja näin kaikki on päälaellaan. Kaiken voi kääntää toisinpäin.

Ku huomaa kysyä.
Juuri näin.

Mmm-m.

Jokainen asia voidaan katsoa pelon eli rakkaudettomuuden tai ymmärryksen ja viisauden eli Tiedon kautta.

Mmm.

Merkitys on vain sisällöllä, ei muodolla.

Eli n…ku mä uskallan kysyä muilta, ni sillon mä jätän samalla sen egon syrjään.

Juuri näin, koska silloin sinä annat mahdollisuuden muillekin.

Ego, pelko itsessä, oppiminen, muistaminen
Mites sitte, ku se ego hyppii omille silmille, ku rupee ite kiukuttaa ja sitä on vaikee nähdä.

Mikä on ego?

Pelko.

Ego on pelkästään menneisyyden kaikki kokemukset pelossa.
Mmm.

Niin tarvitseeko sitä vastaan hyökätä, vaan ainoastaan on mahdollisuus muuttaa kokemuksensa.

Mites sen siinä hetkessä aina muistaa?

Kaikki alkaa alussa pienestä. Ja kun tulee kokemus, että näinkin voi katsoa, niin huomatessaan, … mitä aattelee ja valitessaan vapauden, … niin se tulee itsestään.

Huomaatko, että pelko eli kokemus asettaa rajat, että sinun tulisi oppia

Mmm.
muistamaan? Mutta ethän sinä voi oppia.

Ethän sinä voi oppia vaan ainoastaan *muistaa*   totuutesi.
Aivan.

Ainoastaan muistaa   eheytensä.

Itse asiassa, jos jotain opittavaa on ni, on pelosta poisoppiminen.
Joka tarkoittaa sitä, että jo pelkästään sinullekin niin kuin kaikille
muillekin: ... "Pitää oppia. Pitää oppia." Aina vaan rimaa, rimaa:
"Pystynkö? Pystynkö?"

Mmm.
Eikös ole?

Kyllä.

Ja kun itse asettaa riman, niin   siihen syntyy vastenmielisyys.
Totta.

Mutta kun ainoastansa muistaa, että minun tarvitsee vain muistaa,
miten Jumala rakastaa minua. Kumpi on oikeassa Hän vai minä?

Mmm. Hän.

Joka on minussa. .... Joka laajensi itsensä ja ajatuksensa jokaiseen
mieleen. Eikös se ole loppujen lopuksi löytämisen riemua?

Mmm-m.

Ja näin siinä ei ole syyllisyyttä. Niin silloin se vaan tulee kaikki
itsestään, vailla ponnisteluja, koska se tulee löytämisen riemulla.

Totta.

Huomaatko, mikä herkkyys ja voima sinussa jo on?
Mmm, kyllä.

Näin se on sinun kokemuksesi, ja kokemus vahvistuu, mitä enemmän sinä annat sille tilaa vahvistua.

Kyllä.
Eikös ole ihanaa löytämisen riemua?
Hehheh.

On, helpottavaa   huomata, ettei se ookaan kadonnu minnekään. Se on vaan johonki peittyny.

Kaikki on peittynyt pelon alle ja vaatimusten alle. Siksi on aika järkyttävää, että antaa sen vaatimuksen täyttää kaikki kauneus alta pois,
Mmm.

kaikki viisaus, kaikki totuus.

Minkä Jumala on yhdistänyt, sitä älköön ihminen erottako

Ja kuitenkin sen, minkä Jumala on yhdistänyt, sitä älköön ihminen erottako.

Mitä tämä sinulle merkitsee? Tyhjennä se pois, niin kuuntelet, kun kuuntelet tätä.

"Minkä Jumala on yhdistäny, älköön ihminen eroittako."

Ehkä itteni kautta mä koen sen tällä hetkellä niin, että … siellä on joku iso rakkauden meri, jonka pinnalla me leijutaan tai lillutaaan. Meillä on unohtunu se, miten hyvä siinä on päällä olla … tai sisällä kellua.

Juuri näin.

Ja se yhteys niihin kaikkiin ympärillä oleviin ihmisiin, ni me pyritään vaan näkemään ne erillisinä tippoina siäl meressä eikä ymmärretä aina sitä, että ne on ... me ollaan niin kun .... saman aineen samoja osasia.

Tismalleen. Kuuntele tämä kohta .. äärimmäisen tarkkaan. ... Aina, kun kuuntelet tätä, niin huomaat, kuinka se vahva sinussa jo onkaan.

Ei pelolle enää jää sijaa, eikä muuten aikaakaan.

Kehon kipuja, ajatus on maailmankaikkeuden suurin voima, ajatuksen sisältö

Saanko mä kysyy viäl kysymyksen?

Sinä saat kysyä ihan, mitä sinä haluat, koska tärkeintä on, että sinä tyhjennät, että voisit täyttyä. Tyhjennät pelkoa.

Lähinnä tommosii kehoo liittyviä asioita, et kun siellä on niinku kipuja. Ei mitään niin kovin suuria, mut pientä tunnetta lonkassa ja nenä vuotaa aina sillon tällön. Itse asiassa se on vuotanu niin kauan, kun mä muistan, et aina saa kulkea nenäliina taskussa. Niin tota, minkälaisii ajatuksii siihen... Mi-miten niistä pystyy vapauttamaan itsensä? Miten... tavallaan koska mä koen sen, että kun siellä on ajatus siitä keho..kehon epäsuhdasta tai epätasapainosta, niin se vie ajatuksen pois ... pois siitä hyvästä olosta ja ilosta. Miten sen sais taas käännettyy vastakkaiseksi?

Ajatus on maailmankaikkeuden suurin voima.

Rajaton voima.

Sanat ja teot tulevat vasta paljon jälkeenpäin ja nekin loppujen lopuksi merkityksettömänä, koska merkitys on ajatuksen sisällöllä.

Ja keho on mielen jatke ja ajatus on mielessä.

Onko se ajatus rakkaudettomuus, anteeksiantamattomuus ….. vai onko se täydellinen rauha, varmuus, leposija kellua siellä rakkauden meressä?

Ja mikä on ajatuksen sisältö.

Vain sisältö ratkaisee. Ja kun mieli parantuu, mielen parantuminen tarkoittaa mieleen muutosta, että pelko on merkityksetön. Se ei merkitse enää minulle mitään.

Niin sinun mielen jatkeesikin parantuu, koska sinun ajatustesi sisältö muuttuu. Ja silloin sinä voit ottaa kaiken avun vastaan, mitä saat, vailla pelkoa.

Mmm, ja se voi tulla keneltä vaan, missä vaan, milloin vaan.

Juuri näin. Riittää, että on valmis ja halukas ottamaan apua vastaan, koska koskaan et tiedä, keneltä se tulee tai mistä se tulee vai tuleeko se unena, jossa sinä heräät. Näin sellaisen unen, jossa minulle niin sanotusti ohjattiin, neuvottiin, mitä tekisin itselleni parhaaksi.

Esimerkkinä vertauskuvallisesti ajan mukaan näet itsesi nenä- ja kurkkulääkärillä. Näet sellaisen unen, että istut tyynenä siellä ja olet onnellinen: "Nyt se on vihdoin ohi."

Mmm.   Aivan.   Kyllä.

Ja kaikkeen liittyy se varmuus. Sinä vain tiedät, että näin on. Eikä siinä ole epäilyksen sijaa, eikä tarvitse ruveta analysoimaan, koska varmuus on varmuus, jota ei voija analysoida.

Mmm.

Mutta palataksemme vielä siihen veljeen, joka polttaa tupakkaa.
Mmm-m.

Olisiko mukava viedä hänelle ruusuja kaksi kappaletta? ....
"Aikanaan minua ärsytti, kun ilmastointiputkesta tuli havu...haju.
Mutta tiedätkö, nyt minä katsonkin sen niin, että se ei enää minua
häiritse."

H: Heheheh
M: Heheheh, aivan. Mukavampi lahja kuin viedä tupakkaa.

Juuri näin. Arvaapas, mitä tapahtuu?

No?

No, kerropa itse.

En tiiä, ehkä pitää kattoa käytännössä.   Mutta mä uskon, että mulla on
helpompi olla. Ehkä hän ymmärtää mennä kauemmas polttamaa sen
jälkeen.

**Tismalleen. Tulleensa huomioiduksi ja hyväksytyksi. Hänhänkin
tahtoo tehdä parhaansa, ettei tarvitse kokea syyllisyyttä, että kaikki
haukkuu. Joku toi sentäs ruusujakin kauniisti ilmoittaakseen, että
ei enää häiritsekään. Kyllä kuule alkaa vähän miettii.**

H: Hehehe
M: Varmasti. Eihän ne varmaan tiedä, että se tulee sisälle se haju, ku ei
oo kukaan kertonu asiasta.

Juuri näin.

Mmm-m.
Ja huomaatko, miten suuri vapaus se on sinulle itsellesi?

Mmm-m.

**Eihän hän voi oikaista   sitä pois, kun ei hän tiedä, että seinän takaa
kuulee kauhee kiukku.**

Mmm-m.   Aivan.

Ja ajatuksellaan hän sen tietää. Eli se onkin syyllisyyden kuorma.
Mmm.
Kun vapautat itsesi, vapautat veljesi

Mmm.
syyllisyyden kuormasta.

Aivan.

Älä siis pyri nyt-hetkeen vaan ainoastansa huomaa.

Ainoastansa huomaa: ….   "Onko tämä ajatus minun ja muiden parhaaksi." Jos ei, niin saa jäädä, siis pelon menneet kokemukset. Automaattireaktio, joita ei itsekään tajua, miksi aina kiukustuu samasta
Mmm.
tilanteesta.

Koska pelko reagoi aina ensin.

Sukkela kaveri.

Ainakin se osaa olla ahkera.

Mmm. Kieltämättä   ja tehokas.

Mutta sitä ei tarvitse tuomita.   Sitä ei tarvitse syyttää. Het, jos sinä syytät itsessäsi olevaa pelkoa, niin se, joka miekkaan tarttuu, se miekkaan hukkuu.

Mmm.

Vaan riisua aseista. Katsoa tilanne vaikka millä lailla, huumorilla.
Mmm.

Naurahtaa.   Ja hyvässä lykyssä sinä voit sanoa, että "Meillä on muuten se vauvan kori vielä, että minä laitan sinut aina sinne vauvan koriin ja laitan sinulle tutin suuhun, että saat mennä nukkumaan."

Mmm-m.   Kyllä.

Huomaatko, siinä ei ole taistelua lainkaan?
Mmm.
Koska koko taistelun ajatus, on pelon sisältö.

Kyllä.

Koska se on puute.
Mmm.

Olkoonpa se muodoltaan, mikä tahansa, mut sisällöltään se on puute.

Niinpä.

Ja sinulla on rajattomia kokemuksia.

Mmm. On.

Rajattomia kokemuksia, kun ei ole puutetta.   Kaikki on hyvin.
Mmm.

Nyt vain löytämään niitä aarteita sieltä mieleensä takaisin.

Aivan.

Se on sinulle jo äärimmäisen helppoa, koska sinulla on ollut jo kauan kokemus siitä, että on olemassa muutakin kuin pelko.

Mmm.

Muiden auttaminen

Onko tota niin ni, onko mulla joku   tapa tai mahdollisuus ohjata myös muita sinne vai onk se vaan niinku oma esimerkki mikä ohjaa sitte läheisiä sinne suuntaan tai häntä?

Kun sinä kuuntelet, kuuntelet, kuuntelet. Annat aikaa kuuntelulle. Pelkästään kuuntelet.

Et ota kantaa, että niin ei saa muuten tehdä.

Mmm-m.

Niin tulet huomaamaan, miten jokainen vapautuu, kun saa puhua kaikki pois. Ja kaikkien syyllisyys vähenee sekä sinun että hänen että heidän.

Koska oma esimerkki on juuri se, mutta jos sinä laitat sille omalle esimerkille vaatimuksen, nii piäleen menee.

Mmm.

Eiks niin?

Kyllä.

Sanoa niin kuin eräskin: "Ennen minulla oli maailman kauhein mies. Nyt   minulla on maailman ihanin mies, kun minä olen oppinut ymmärtämään ja oivaltamaan...

Mmm.

...ja kuuntelemaan."

Niinpä.

Eikä ole halukkuus muuttaa toista kaltaisekseen, oman pelkojensa kaltaiseksi. Ei siinä oo mittää järkee.

Mmm.

Vaan jokainen on uniikki. Kukaan ei tiedä kenenkään toisten unien, menneisyyden, satojen vuosien kokemuksia. Niin miten, miten on mahdollista, että voisi edes muuttaa toisen kokemuksia. Sehän on pakkopaita.

Mmm.

Ja jos pyrkii muuttamaan omat kokemuksensa yrittämällä, sekin on pakkopaita.

Mmm.

Huomaatko, että rakkaus on kaikenkattavaa hyväksyntää.

Kyllä.

Ja voisiko rakkaus olla ikuinen ja pelko merkityksetön?

Joo.

Näin sinä alat huomaamaan jokaisessa arjen hetkessä rajattomat mahdollisuudet.

Kas, kun vaatimus ja huolehtiminen jää pois, ainoa tehtäväsi on huolehtia: Mitä ittestäs aattelet, sen maailmaan saattelet.

Niinpä. Toi oli hyvä.

Ja siinäkin on vain ainoastaan kysymys muistamisesta.

Mmm.
Ei oppimisesta
Mmm-m.

vaan ainoastansa muistaminen, mikä rajaton viisauden voiman ikuisuuden lähde onkaan.

Mikä minusta tulee isona, anteeksianto

Huomaatko nyt, kun palataan siihen alkuun, että ensimmäinen kysymyksesi oli, että "Mitä minusta tulee isona?"
Mmm-m.

Huomaatko, miten olet jo jäljillä?

Pikkuhiljaa.

Juuri siitä se alkaa.

Mmm.

Ensimmäiset askeleet on vain otettava itse.
Mmm.

Ja sen jälkeen muutos tapahtuu ihan itsestään.

Kiitos.

Kun sinä puhuit siitä, että sinä haluaisit,   …   olet aikaisemmin halunnut ohjaajaksi.
Mmm.

Niin huomaatko, että todellakin ainoa tie on ohjata itsensä muistamaan itsessä oleva rakkaus.

Mmm.   Joo.

Ja kun on itselleen antanut anteeksi ne kokemuksensa, mitkä pelossa on tehnyt ja mitkä syyllisyydessä on ajatellut.

127

Anteeksianto itselle tarkoittaa juuri sitä ymmärrystä, että kun ei ole ollut tietoa niin on toiminut sen mukaan, miten on opetettu ottamaan kaikki muutkin huomioon, että selviäisi pelon maailmassa.
Mmm.

Sehän on ikuinen taistelu.
Mmm.

Kun voisi olla onnellinenkin pelottomuuden, Rakkauden maailmassa.

Ja kun itse käyttää sitä aarrearkkua, niin mieli paranee mielenvikaisuudesta eli pelosta. Niin eikö silloin ole sinun ajatuksellasi ääretön merkitys, koska se laajenee tuhansille.

Mmm.

Auttamalla itse itseäsi unohtamaan pelon.

Kyllä.
Ajatus menee maailman ääriin saakka.

Siksi sinä et olekaan mitenkään vähäpätöinen. Maailmaa et voi muuttaa, mutta suhtautumisesi maailmaan voit.

Mmm-m.

Eikö näin?
Nii-i.

Eikös ollut ihana tyhjentää?
Oli.

Ja saada varmuuden kokemus.
Kyllä.

Tiedätkö mitä?

No?

Minä itken ilosta, riemusta ja kiitollisuudesta, kun minä katson sinun mielesi halukkuutta rakastaa ehdoitta   itseäsi.

Talletetaanko ne kiitollisuuden helmet yhdessä kaulaamme?

Laitetaan.

Näin sinä aina muistat,   kuinka suurenmoista onkaan, kuinka rajatonta iloa tuottavaa .... ilon kyyneleet,   kun sinä alat lähestyä minua ja hyväksyä totuus yhteiseksi.

Ja on onnellista, kun et tiedä, mitä tarvitset tai mikä sinusta tulee isona. Siksi minä voin sinulle sanoa nyt, että minä tarvitsen sinua auttaman heitä   *itsesi* kautta. Voiko sen riemullisempaa olla?

Eipä voi.
Rajaton kiitos.

M: Kiitos.
H: Kiitos.

PÄIVÄKIRJAKIRJOITUKSIA JA

RAKKAUSKIRJEITÄ

Kiitollisuuden laulu

Kiitos keskustelusta!
Kiitos käynnistä Rauhan Rannassa.
Aikamoinen kokemus. Hyviä ajatuksia.

Kiitos rauhan, levollisuuden, armon tunteista.
Kiitos epäilyjen hälventämisestä!
Sylissäsi todellakin on upean ihana istua.
Miten sanoilla onkin NIIN vahva, väkevä voima?
Kiitos ajatuksistasi, jotka virtasivat sanojen muodossa.

Sanoit tarvitsevasi minua.
Avaisitko asiaa tarkemmin – olen utelias.

Kiitos epävarmuuden ajasta.
Kiitos uusista, näkökulman muuttavista ajatuksista!

Kiitos rauhastasi, kiitos rakkaudestasi!
Kiitos hellästä hyväilystäsi!

Kiitos!
Kiitos – kiiiiitos!

♡

IHANuus

Kiitos käynnistäsi. Joko uskot, että osaat, että olet valmis?
Samoja sanoja.
Minä tarvitsen sinua.
Niele vain, klimppi pois.
Sinä kirjoitit itsellesi ammatin.
Nyt me rupeamme luomaan sen sinulle, sinun tahdissasi.
Saat laulaa, nauraa, huutaa ja hullutella.
Sinä luot säännöt, sinä luot.
Sinä osaat.
Sinä olet vahva.
Sinä pystyt.
Tulet onnistumaan.
Sinä tiedät sen!
Sinun rakkautesi – kasvata sitä.
Kasvata sitä itseäsi kohtaan – ja anna sen laajentua.
Ei ole tarvetta pidätellä vaan päästää tunne eteenpäin,
virtaamaan pienistä pisaroista pieneksi puroksi,
purosta joeksi,
joesta koskeksi,
koskesta valtamereksi.
Sinä kasvatat tuota virtaa jatkuvasti.
Anna pisaroiden pulputa!
Kun haluat, kuori sipulia, pieni siivu kerrallaan.
Antaudu ja nauti!
Olet suloinen!
Kiitos

~ Aamen ~

♡

Tiellä minuuteen.

Missä kaikki on saanut alkunsa?

En tiedä, ei tarvitse tietää.

Esitin pyynnön saada kulkea tietä,
joka johtaa todellisen itseni muistamiseen – totuuteen.

Sillä tiellä olen nyt varmaakin varmemmin.

Olen kiitollinen johdatuksesta ja olen kiitollinen,
että uskallan kuunnella totuuden ääntä.

On ihanaa tuntea totuuden laajentuvan
itsessään – hiljaa, hitaasti, armollisesti.

Niin, tämä on minun tieni....

Ajatuksia tapaamisesta:

Annan itselleni anteeksi tämän ….. olon.

Annan anteeksi

Olen kiitollinen, että toinen kysyy.

Minä en kuule itseäni.

Voin katsoa hänen kautta itseäni.

Tämä kiukku ja viha ei johdu sinusta. Tämä on minun juttuni.

Kuulen, mitä sanoit!

Sallitko, että hän saa olla, mitä hän haluaa?

Tämä on sitä, mitä minä haluan – lisää rakkauden hetkiä mieleen.

Haluanko ruoskia vai armahtaa itseäni?

Minun ei tarvitse osata.

Minussa on ratkaisematon tilanne, annan anteeksi tämän mielessäni.

Pettymys itseä kohtaan: Päästän tämän itsestäni pois. Päästän irti.
Tämä ei ole minun totuus.

Vau, minun ei tarvitse mennä tuohon oloon mukaan.

Te saatte olla millä ololla tahansa.

Minun ei tarvitse lähteä tuohon mukaan.

Tämä …… auttaa minua muistamaan, että en mene pelkoon.

<u>Pyhä Henki!</u>

Kiitos.
Olen ymmälläni.
Ristiriidat myllertävät sisälläni.
Haluaisin tietää, miten pyyhkäisen ne pois,
ja samalla nauran itselleni.
Enhän minä tiedä mitään.
Eihän minun tarvitse tietää mitään.
Se ei ole minun tehtäväni.
Kiitän halustani tietää ja annan sen itselleni anteeksi.
Armahdan, olen armollinen.
Ei tarvitse osata. Ei tarvitse tietää.
Sipulin kuoriminen riittää, pikkuhiljaa,
kerros kerrokselta, omaan tahtiin.
Kun annan pois, kuljen kohti ydintä, vapaudun.
Kiitos, että sain tuntea jälleen rakkauden laajenevan.
Kiitos.

16.11.2012

<u>*Lapseni!*</u>

Istut kuin kukka kämmenelläni.
Rakkauden pisaroina.
Puhallan lävitsesi rakkauden tuulen, joka puhdistaa,
tuo luottamusta ja armoa.
Ota yhteys Rauhan Rantaan.
Haluan puhua kanssasi.
Sinä olet rakkaus.
Ikuisesti.
~ Aamen ~

135

Mitä on pelko?
Se on kuin kura auton pinnalla.
Se ei ole auton todellinen väri.
Miten pelosta pääsee eroon?
Kulkemalla suoraan sitä kohti.
Ottamalla pesusienen käteen ja puhdistamalla kuran pois.
Mitä kauemmin odotan, sitä tiukemmin kura juuttuu auton pintaan ja
sitä työläämpää, aikaa vievempää ja vaikeampaa sen irrottaminen on.

Mitä pelko on?
Se on menneisyyden heijastuma.
Annan hänen olla juuri sellainen kuin hän on.
Haluan putsata kuran autoni kyljestä.
Annan hänen olla juuri sellainen kuin hän on.
Ja samalla kun käymme tämän pelkoni ja puhdistukseni läpi,
puolisoni auttaa minua tyhjentämään pelkojani ulos mielestäni.
Auttaa minua puhdistamaan autoani paksusta kurakerroksesta.
Haluan armahtaa itseni ja samalla sallin hänen olevan,
mitä hän haluaa olla.

Haluan, pyydän, lisää rakkauden hetkiä mieleen.

-Kiitos-kiitos-kiitos

Miten pelko reagoi?
Se työntää kauemmaksi sitä, mitä pelkää.
Kun pelkään kertoa miehelleni kurssista,
työnnän samalla häntä kauemmas.
Toivoisinko, että itselleni tehtäisiin niin?
Haluanko siis valita pelon vai rakkauden?
Kiitos näistä valaisevista ajatuksista!
Kiitos!

Pelosta vielä....
Jaetaanpa asiat kuuluviksi joko pelkoon tai rakkauteen.
Kumpaan kategoriaan esim. pettymys tai ärsyyntyminen kuuluu?
Miten reagoit pelkäämäsi asiaan tai ihmiseen tai tilanteeseen?
Vedätkö sitä puoleesi vai työnnätkö kauemmas?

Alkaa todellakin aueta tämä kuvio!

Miten pelon voi muuttaa rakkaudeksi?
Ei mitenkään. Ne ovat joko tai.
Joko räsymatto tai kumimatto – ei toista voi muuttaa toiseksi.
Mutta pelosta voi olla kiitollinen,
sitä ei tarvitse tuomita – se antaa uusia ajatuksia, näkökulmia,
jos niin haluat, jos et muserru pelon alle vaan uskallat kysyä:
Mitä voin tältä tunteelta oppia?
Mikä on tämän tunteen tarkoitus minulle?
Miten tämä tunne on tullut minua auttamaan?
Voit armahtaa itsesi:
"Hupsis! Kompastuin, noustaanpa ylös ja jatketaan matkaa."

"Liikaa kuraa, en näe autoni väriä."
Voit kiittää pelosta ja antaa anteeksi.
Pelko ei ole hyvä eikä paha.
Se on vain mennyt kokemus.

Se, miten päätän pelkooni suhtautua, auttaa minua valitsemaan tieni.
Joko pelon tai rakkauden tien.

Ole tarkkana ajatuksissasi,
sillä ne heijastavat joko pelkoa tai rakkautta.

Kiitos näistä jokaisesta oivalluksesta! Kiitos!

Kysy omalta peloltasi:
"Mitä sinulla on minulle kerrottavana?"
"Miten olet tullut minua auttamaan?"

Samaa voit kysyä miltä tunteelta tai tilanteelta tai
kehon tuntemukselta hyvänsä.
Älä yritä itse järkeillä vastausta vaan...
Pyydä, että sinulle vastataan Pyhän Hengen kautta.

Hyväksyn itseni.

Olipa tilanne mikä hyvänsä.
Olivatpa tunteeni millaiset tahansa.
Olinpa käyttäytynyt miten hölmösti.

Hyväksyn itseni.

Ne tilanteet, tunteet, asiat ja henkilöt,
jotka on minulle tähän hetkeen tarkoitettu,
niiden keskellä nyt olen.

Sattumaa ei ole.

Näin on tarkoitus olla.

Olen juuri siinä hetkessä, tilanteessa, ajatuksessa,
missä minun pitääkin olla.

Hyväksyn itseni.

Huh. Mikä suotaival!

Rämmin kosteassa suossa,
joka vetää jokaista askeltani takaisin menneisyyteen.
Härnää, kiusaa, eikä millään tahdo päästää irti, irrottaa otteestaan.
Huh, miten raskas tämä kohta onkaan.
Miten voimattomaksi, onnettomaksi ja taitamattomaksi
itseni nyt luokittelenkaan.
Voisinko muuttaa ajatukseni?

Olen pehmeässä, joustavassa maastossa.
Eteneminen on työlästä, jopa raskasta,
mutta tiedän – olen varma – suunnasta,
johon minun tulee liikkua.
Etenen hitaasti, mutta varmasti tuohon suuntaan
– kohti keveyttä, valoisaa, iloista, kaunista maisemaa!
Annan suolle sen ajan, jonka sen kanssa tarvitsen.
Kiitän sen hellästä, pehmeästä otteesta.
Kiitän tästä vertauskuvasta,
joka auttaa käsittelemään tunteitani helpommin,
näkemään ne erilaisessa valossa.

Kiitos oppaani!

Lapseni

Rakastan sinua.

Autan sinua, kannattelen sinua.

Tuo suo myös tarrautuu.
Se tarrautuu vanhoihin pelkoihisi ja riisuu ne sinun harteiltasi,
kun annat niiden tipahdella jalkoihisi,
tarttua suon tahmeaan otteeseen ja jäädä sinne puhdistettavaksi.

Eikö ole ihanaa, miten monin tavoin luonto sinua auttaa!

Kirjoita vain tuskasi pois, se on sinulle luonnollista.
Sinä huomaat, että voit luottaa itseesi,
luottaa syvään sisäiseen viisauteesi.
Sinä osaat ja minä olen kiitollinen sinusta
niin kuin jokaisesta veljestäsi!

– Aamen –

Käärin hihani,
huudan omaa avuttomuuttani,
toivon lapsilleni parasta,
mutta osaa en,
omaa pelleilyäni vain seurailen.

Enkeli katsoo ja odottaa,
että oikeat vastaukset kuiskata saa.

Kuunnella haluan,
neuvoja janoan.
Rauhaa ja rakkautta
parempaa vanhemmuutta.

Valon ja ilon kautta
tuo onnen ja harmonian lautta
kotiimme rantautuu.
On silloin hymyssä suu.

29.11.2012

<u>Ohjaajani!</u>

Onpa tämä mielenkiintoista!
Seurata vierestä ja tarkkailla,
missä muodossa pelko hiipii luokseni tällä kertaa.
Usein se tulee ristiriitatilanteena, niin kuin nytkin.
Tilanteena, johon liittyy päätöksen tekeminen.
Minun suuri pelkoni eli päätöstilanteeni ja kysymykseni on: "Menenkö huomenna töihin vai jäänkö vielä huomennakin oksennustautisen lapseni kanssa kotiin?" Olen mestari veivaamaan eri näkökantoja esille tilanteessa kuin tilanteessa. Mitäs, jos ajattelisin asian toisin? Yksinkertaistaisin.
"Jäänkö kotiin vai en?" Lapsi jää kuitenkin, se on selvää. "Mitä minä haluan? Haluanko siirtää vastuuta toisille, isovanhemmille, vai olenko valmis ottamaan ja kantamaan vastuun itse?"
Hei, eihän tuo ollut se kysymys!!

Tein päätöksen, jään kotiin.
Samalla ymmärsin, että päätös itsessään ei ollut niin suuri haaste kuin kantaa päätös ilman syyllisyyttä, ilman selittelyjä, ilman puolusteluja.
Aivan. Yksinkertaisestakin asiasta saa tehtyä monimutkaisen.

Syyllisyydestä irti päästäminen – se se vasta on iso juttu!

Hmm. Vähän kuin   olisin kantanut huolta lapsestani tai vanhemmistani tai läheisestäni. Yks kaks ymmärrän, että tuo huoli ei auta minua eikä häntä. Pikkuhiljaa irrottaudun huolesta, päästän siitä irti, keskityn hyviin asioihin välillämme joko tässä hetkessä tai muistoissa – ja vapaudun kevyesti, itsestään, yrittämättä. Päästän itseni vapaaksi valtavasta painolastista, kun en ota syyllisyyden taakkaa harteilleni kannettavaksi.

Lapseni

Ihania oivalluksia!
Eiväthän eläimetkään pidä poikasistaan kiinni pelon,
huolen tai syyllisyyden vuoksi. He näyttävät esimerkkiä
ja antavat poikastensa kokeilla omia siipiään.
Itsensä vapauttaminen syyllisyydestä on upeimpia asioita,
joita voit itsellesi antaa. Aivan kuin sanoisit itsellesi:
"Levitä siipesi ja lennä!"

Kiitän näistä oivalluksistasi!
Riemuitsen kanssasi, iloitsen ihanasti!
Olet löytänyt siipesi. On tullut aika.
On aika levittää siivet ja lentää –
kaarra tähän hetkeen,
tartu elämän retkeen.
Riemuitse, nauti,
poissa kohta on pelon tauti.

Mitä se pelko on?
Se on pieni ja onneton.
Älä käännä sille selkää
vaan katso suoraan ja kysy:
"Miksi sua pelkään?"
Älä vastaa vaan kuuntele.
Vastaus on sisälläsi jo valmiina.
Aikojen alussa annettu.
Sinulle uudelleen kannettu.
Katso pelkoon ja armahda.
Hyväksy itsesi, vapauta!
Ilossa ja riemussa kulje,
rakkaus syliisi sulje!

KESKUSTELUA RAKKAUDEN KANSSA

Rakas rakkaus,

Sinulta voin kysyä ihan mitä tahansa, ns. suurta tai pientä, sillä Sinä et arvioi etkä arvota kysymyksiäni minkäänlaiseen järjestykseen, vaikka pienuudessani niin olen tehnytkin. Kaikki ajatusteni ja kokemusteni harhakuvat haluan katsoa uudelleen rakkaudella ja laajemmalla ymmärryksellä. Siksi kysyn niitä asioita, joita mielessäni on risteillyt. Sillä jokainen kysymys on mahdollisuus katsoa toisin, mahdollisuus valita rakkaus, mahdollisuus saada ymmärrys ja vapaus mielen vankilasta.

Olen kirjoittanut kysymyksiä paperille, mikä on ollut loistava keino päästää irti kyseisistä ajatuksista. Kun tiesin ajatusten olevan tallessa paperilla, niitä ei tarvinnut enää kantaa mielen harteilla.

Monet asiat ovat aiheuttaneet kipuilua äänitteitä purkaessani, esim. oman äänen kuunteleminen, omien kommenttien, muminoiden, täytesanojen ja kysymystenkin kuunteleminen on tuntunut lähes mahdottomalta, nololta, hävettävältä. Ja juuri silloin niissä on loistava timantti, vapautumisen mahdollisuus. Minun päätöksessäni on, haluanko katsoa ja kuunnella itseäni ja avata oven sisimpääni vai jatkanko vielä piilottelua, pakoa, peittelyä, itseni alas painamista, mitätöintiä, vähättelyä.

Tämä kirja ja nämä keskustelut kertovat kokemuksistani ja näkemyksistäni – ajatuksistani. Haluni on ollut avata kaikki mieleeni nousseet asiat, koskivatpa ne mitä tai ketä tahansa. Loppujen lopuksi ne ovat minun kokemuksiani, osa anteeksiannon matkaani – mahdollisuus huomata, mitä ajattelen ja haluanko näitä ajatuksia antaa ja saada.

Haluni on olla itselleni rehellinen. Tahtoni on muistaa totuus, nähdä viattomuus ja vilpittömyys jokaisessa, vapautua mielen painolastista, mielen vankilasta ja muotojen orjuudesta. Keskustelut ovatkin pelon eri muodoista (epävarmuudesta, arvostelusta, tuomiosta, odotuksista, toiveista, kiukusta, vihasta, tuntemuksista, havainnoista, ärtymyksestä, päättämättömyydestä, sairauksista, pettymyksistä jne.) vapautumista, mielentilan valintaa ja itseni eheyttämistä – kaikenkattavan rakkauden ja totuuden muistamista. Yhteyden palauttamista todelliseen Itseen – itseni rakastamista ehyeksi.

Lokakuussa 2017

146

2. Keskustelu: Kuka minä olen?

30.11.2012

Terve terve.

Terve.

Ja välillä tuntuu, ettei ole ollenkaan terve.

Sekin vielä.

Mutta kokemus voidaan vaihtaa ihan jokaisena hetkenä. Se riittää, että sen havaitsee. Eikä tarvitse ryhtyä puolustelemaan, olenko syyllinen vai en.   Vaan ainoastansa todeta, että minussa on rakkaudenkin puoli, hyväksynnän puoli. Hyväksyn siis   tämän hetken sellaisena kuin se on. Eikös ala helpottaa, kun on mahdollisuus aina   uudelleen ja uudelleen puhtaaseen uuteen hetkeen   koskaan ennen kokemattomaan.

Kyllä.

Ja näin se tarkoittaa sitä, että voi täydellisellä luottamuksella itseään kohtaan – ei tarvitse pelätä päästää mitään irti, vaan mitä aktiivisemmin tahtoo katsoa uudelleen, sen helpompaa se on. Aloitetaan vaan.

Hyvä. Joo, mul onki pitkä lista tässä asioita noussu mieleen.

Kuka sinä olet? Kuka minä olen?

Ja nyt tota, mä alotan tällaisella kysymyksellä, että kuka sinä olet.

Saanko kysyä vastakysymyksen?

Niinpä.

Kuka sinä olet?   Ikuisesti.

147

Sen ku muistais, että kuka sitä on. Siitä saa häivähdyksiä ja sitte ne taas katoaa.

Ja näin se muisti alkaa palautumaan siihen ikuisen rakkauden, täydellisen rakkauden muistamiseen itsessä.

Koska sinun totuutesi on sama kuin minun totuus ikuisesti, pysyvästi ja muuttumattomasti. Eikös lohduta?

Mmm. Kyllä.

Äärettömästi, koska muodolla ei ole merkitystä.   Silloin kun lähtee muotoa selvittämään, niin saa selvittää kautta maailman sivun. Eiks vaan?

Näin on.

Koska sisältö on ainoa totuus. Ainoa. Mikään muu ei ole totta kuin ikuinen.

Ja ikuinen on kaiken kattava rakkaus.   Siis kaikenkattava ja sen sinä opit vielä itsessäsi muistamaan. Se on varmaakin varmempaa.

Nimet, sisältö

Mmh. Tota, mä oon kirjottanu semmost ehkä vuoropuhelua itteni kanssa… höm.. tai mä haluaisin ajatella, et se on mun sisäisen viisauden kanssa mitä mä keskustelen siinä päiväkirjassa ja mä oon käyttäny erilaisia nimiä, joille mä oon kirjottanu eli enkeleitä, suojelijoita, alkulähdettä, Pyhää Henkee. Niin tota, onko ne kaikki yhtä? Onk sillä nimellä väliä?

Nimellä ei ole väliä, koska sinäkin tiedä, että jokaisella siellä ajan maailmassa on oma nimi.
Mmm-m.

148

Ja sitä ajan maailmassa kutsutaan sillä nimellä, mutta millä sisällöllä sitä kutsutaan.

Sisältö ratkaisee – mielen tyyneys, mielenrauha, mielen varmuus. Ja näin se vuoropuhelu on alussa ...

Mmm.
... nimillä, että sen helpommin voisi ymmärtää.

Että siit tulis konkreettisempaa, niinkö?
Juuri näin, että sen voisi ymmärtää.
Mmm.

Koska todellista, konkreettista – se tapahtuu ajan myötä ja silloin ei enää ole nimillä merkitystä, koska rakkaus kattaa kaiken. Mutta on tärkeätä, että puhut vuoropuhelua itsesi kanssa. Ja huomaa, onko tämä ajatus epävarmuus vai varmuus?

Tota, voiksä vähän viälä jatkaa siit epävarmuudesta ja varmuudesta. Koska mä koen, et mul on ollu siinä sitä epävarmuutta, et voinko .... mistä tää tulee tää teksti, et voinks mä oikeasti kirjoittaa n .. tämmösii sanoi, mitkä koskettaa mua niinku joka kerta, ku mä luen niitä.

Se, mikä koskettaa, tahtoisitko kertoa, mitä se on.

Rakkautta.
Se on herkkyyttä. Se on muistin palautumista. Se on sen syvän kaipauksen hiljaista tiedostamista ja se koskettaa. Ja kun se koskettaa, niin siinä ei ole silloin mi .. ainokaistakaan pelon ajatusta.

Mmm.

Sinulla on monem... molemminlaista kokemusta. Kun ei ole ainokaistakaan epävarmuuden, pelon ajatusta juuri sillä hetkellä,
Mmm.

kun se koskettaa. On vain suunnattoman rauhaisa olo. Sitähän sinä olet aika ajoin kokenut.

Mmm. Kyllä.   Kyllä.

Ja silloin ei tarvitse siinä olotilassa kysyä, onko tämä pelkoa vai rakkautta vaan olla siinä tyyneydessä ja varmuudessa.

Mm. Siinä on hyvä olla.

Juuri näin. Ei ole mitään puutetta mistään.
Mmm.
Eikö näin?
Kyllä.

Tulevaisuus, nyt-hetki, varmuus, analysointi

Mites, ku mul on tullut vahva tunne siit samasta kirjoittamisesta, et tota mä nyt oon lähteny kirjoittamaan sitä tietokoneelle, jotenki se… must tuntuu, et sitä ei oo tarkotettu pelkästään mulle.

Sen aika näyttää.
Mm.
Sinun ei tarvitse ajatella sitä *nyt*
Mm.
vaan antautua yhä suurempaan iloon   ja rauhaan, koska rauha ja varmuus eivät kysy seuraavaa hetkeä.
Aivan.
Se vain on.

Miten se mieli onki niin sukkela, et se tahtoo aina luikahdella edelle. Ihan ku oltais kilpajuoksussa tai jossai.

Ja näin, mitä enemmän sinä saat sen kokemuksen varmuudesta, niin silloin sinä vain voit todeta, että "Minä en tiedä   mitään tulevaisuudesta, eikä minun tarvitse tietää, koska varmuudessa kaikki   tapahtuu ihan itsestään."

150

H: Pienenä sitaattina tähän, öö … he ottivat isoa kirjaa vastaan seitsemän vuoden aikana, eikä heillä ollut mitään käsitystä, mikä se..mi-mitä varten he sitä tekivät.

M: Aijaa.   Niinpä.

Näin se tuo sinulle rauhan. Vain antautua siihen varmuuteen. Eiks vaan?
Kyllä.

Koska, itse asiassa, aikaa ei ole. Niin ei tarvitse mennä rajan yli, koska aikaa ei ikuisuudessa ole. On vain tämä hetki.   Ja näin kun sinun   mielesi tahtoo putkahdella sinne tulevaisuuteen, ni totea vain, että "Tämä hetki on kallisarvoisinta ja tässä hetkessä vain haluan olla. Kaikki muu tapahtuu itsestään, kun valintanani on rauha, varmuus ja tyyneys."

Sallitko vertauskuvan?
Ilman muuta.

Katsos, kun mieli menee sinne eteenpäin.
Mmm-m.
Niin silloinhan määrittelee itse sen, onko ehkä Afrikassa joku ihminen 15 minuutin kuluttua, joka haluaa keskustella sinun kanssasi.   Silloin rauha katoaa ja alkaa analysoimaan.
Mmm.

Siksi vain nyt-hetki on ainoa.

Aivan. Se onki se analysointi ollu mulle ni, jotenki… sitä on tullu tehtyä liikaaki. Nyt yrittää vaan yksinkertaistaa asioita. Miettii, et mikä on se asian ydin.

Mikä on asian sisältö
Mmm.
ja ydin.

Minä tarvitsen sinua, ajatuksen voima, olla käytettävissä

Sä sanoit silloin viimeks, että sä tarvitset minua. Ni voisitko sä sitä tarkentaa?

Minä tarvitsen sinua   rakkauden laajentamiseen itsessäsi.

Ja kun se laajenee itsessäsi, nyt-hetki, niin ajatus on maailmankaikkeuden suurin voima. Mutta en minä sinua tarvitse analysoijaksi.

Niinpä.
Nyt sinä ymmärrät. Koska tulevaisuus ei ole. Ja silloin kun sinä olet nyt-hetkessä, itsesi kaikenkattavassa rakkaudessa ja hyväksynnässä, niin silloin   minä voin käyttää sinua.

Ja käyttäminen tarkoittaa sitä, että sinun ei tarvitse tietää ainokaistakaan tulevaa hetkeä vaan olla rakkaudessa. Silloin rakkautta   voidaan käyttää.
Mmm.

Ja koska ajatus on maailmankaikkeuden suurin voima, niin kaikki tulee ajatuksesta, ja sinä vain toteutat sen varmuuden ajatuksen. Ei siinä sen kummempaa.

Kuulostaa niin yksinkertaiselta.

Ei ole muuta kuin yksinkertaisuus.
Mmm.

H: Isossa kirjassa sivulla 30 on … on kursiivilla painetut rivit: *"Olen täällä vain ollakseni todella avuksi…"* ja niin edelleen. Sitä on hyvä lukea aina silloin tällöin.

"Minun ei tarvitse tietää, mitä sanoisin tai tekisin, koska Hän, Joka on minua ohjaava, huolehtii kaikesta."

152

H: Muun muassa tämä lause on siinä niitten viiden lauseen joukossa.

Huomaatko, miten paljon olet sitä ajatellut?
Joo.
Mihin sinua tarvitaan
Mmm.

ja missä muodossa?
Kyllä.

Ja suuntana on ollut tulevaisuus.
Niin.

Mutta maailma ei ole tekojen maailma.   Maailma on ajatusten maailma.

Siis ajatus itsestäsi,   syvimmästä totuudesta, rajattomasta rauhasta ja rakkaudesta,   kun se on läsnä, niin se vapauttaa   itsen ja muut. Nyt alat päästä jyvälle.
Mmm, kyllä.
Eikö näin?

Kyllä. Nää on sellasii ajatuksii, et ne on tavallaan tiedossa, mut et sitte se on hyvä kuulla ne jonkun sanovan ääneen, ennen ku alkaa oikeesti tiedostaa.

Ennen kuin alkaa oikeasti hyväksymään itsessä, että en olekaan tekijä vaan olen ajattelija.
Mmh.

Ja rakkauden ajatus laajenee sadoille tuhansille kautta koko maailman. Niin voisiko olla yksinkertaisempaa kuin antautua sille?

Ei voi, mut ei se silti tee siitä aina helppoa. Heh

Analysointi katoaa vähitellen. Koska väkisin ja yrittämällä sitä poistaa, mieli on välittömästi taistelussa itseään vastaan.

Näin se menee.

Väsymys, unohtelu, siivoaminen, sekasotku, työ, oma aika

Tota, sit mul on tämmönen asia, ku oon ollu tosi jotenkin tiätyl tavalla niinku vaikka mm.... oon ehkä ulkoisesti pirtee ni sisäisesti jotenki väsyny ja on ollu semmosii piänii muistivaikeuksii, et jotenki ehkä siihe jotenki nivoutuu se, et työ tuntuu välillä semmoselt niinku selviytymistaistelulta ja sit on niinkun heidän .... heistä ja kodista on se pääasiallinen vastuu ja kun sitä ei jaksa niin kun hoitaa ja pitää siistinä ja puhtaana, eikä ehkä haluakaan niinku yksin sitä tehdä. Ni sit on keränny siitä itelle ehkä semmost turhaa painolastia. Ja sit ..ee… tuntuu välillä, et mistä sen sais sen niin kun oman ajan. Tai miten … miten niinku osais …osais löytää sen rakkauden niissä hetkissä, missä kullonkin on?

Ettei tartteis kaivata sitä, et millon mä saan sen oman ajan, et nyt mul voi olla rauha ja rakkaus. Vaan et se rauha ja rakkaus vois olla siinä sekamelskanki keskellä.

Katsos, kun rauha ja rakkaus ei tunnista sekamelskaa.   Se ei tiedä sitä mitään.

Ja näin kun sinä ajattelet, että sinä et jaksa pitää yllä sitä siivousta. Mm.

Miten olisi, jos   sallisit katsoa niin, että kun näet siivoamattomia kohteita,   olisiko mahdollista vain todeta, että siivoan mieleni rauhaan.   Enkä pidä ulkoista   sekamelskaa muuta kuin mahdollisuutena katsoa sekin,   onko se merkityksetön vai merkityksellinen. Kumpi on merkityksellisempi, mielen puhtaus…

Mmm. Mielen puhtaushan se on.

Ja sama koskee kaikkea, mitä näet. **Sama koskee työtä.** **Sama koskee kotiasi.**

Valitsen mielen tyyneydellä katsoa kaiken. Ja sitten tulee yhtäkkiä hirvee siivousvimma, **joka on ilolla, koska samalla siivoaa mielestään syyllisyyden.**
Mmm.

Kaikki on päinvastoin. Kun sinä näet siivoamattoman kodin, niin katso, että siivoan mieltäni. Etkä huomaakaan yhtään, kuinka onnellista onkaan yhtäkkiä siivota se näkemisen maailma mielensä kaltaiseksi.

Mmm. Kyllä.

Katsos, kun kyseenalaistaa **siellä työssäkin sen epävarmuuden, et "Voiko epävarmuus minulle antaa vastauksen?"**
Mmm.
"No kun ei, niin valitsen tyyneyden ja varmuuden ja vapauden" ja ajatus tulee itsestään. **Miltäs se kuulostaisi?**
Ihanalta.

Ja näin sisäisesti väsymys kaikkoaa, kosk' ei käy enää sotaa itseään vastaan.
Mmm.

Oma aika, laiskottelu
Ja näinhän siellä ajassa paljon sanotaan, että "omaa aikaa."
Mut oma aika on aina valinnan aika.

Nii, totta.

Eikös olekin?

155

Kyllä.   Nehän on vaan valintoja joka hetki.

Juuri näin. Millä tavalla haluan katsoa.
Mmm.
"Tarvitsenko enää pelon näkemystä?"
Niinpä.

"Tarvitsenko enää kaaoksen näkemystä?" Sillä kaaos on tehty, sitä ei ole luotu laajentamalla kaaosta rakkauteen. Vaan kaaos muuttuu mielessä. Kaikki on tässä ja nyt. Kaikki on hyvin.

Paradoksi on siinä, että etsii sitä omaa aikaa. Mutta kun se on joka hetki, se oma aika, valinta. Se ei tarkoita sitä, että sinun tulisi raataa. Vaan silloin kun tuntuu, nii heittäydy sohvalle tai sänkyyn ja nosta kintut pystyyn ja laiskottele ja sano, että laiskottelu on taiteen paras muoto.

Niinpä. Ihan totta.

Näin sinä et kilpaile ajan kanssa.

Mmm.   Joo, kiitos.

Uskominen, tuomion pelko, valaistuminen, kiltti tyttö, salailu

Tota, mul on tääl sit semmone .. kun niin kun …. usko ja uskominen ja se, miten mä oon niinku itse kokenu sen eli kun   lapsena joskus muistan rukoilleeni et.. Jumalalta, et mä en haluu tulla mikskään hihhuli-uskovaiseksi ja ... et mä en haluu niinku tavallaan olla semmone, joka tyrkyttää uskoa kenellekää ja jotenki mä niinku koen myös ehkä oloni vaivautuneeks, jos joku puhuu omasta halustaan valaistua tai uskostaan niinku hirmu avoimesti varsinkin, jos m-niinku keskustelu käydään mun kanssa. …Ja sit vaik se niinku onki se … kotiin pääseminen on selkee tavote itelle, nii mikä siin o..heh ..mikä siin on se, että kuitenki ni sillon ku löysi IOK:n ni halus selkeesti pitää sen vaan niinku henkilökohtasena …. henkilökohtasena asiana.

Yksinkertainen vastaus. Kaksi sanaa: Tuomion pelko.

Eli mä pelkään sitä, et joku toinen tuomitsee mut.

Tismalleen.

Et mua ei hyväksytä sellasena, kun mä oon.
Tismalleen.

Mut tarvitseeko sinun kerjätä pelon maailman hyväksyntää?

Ei.

Mut mä en silti löydä sitä ajatust, miten mä pääsen siitä pois. Jotenkin mul on ollu se kilttityttö rooli nii kauan, et ehkä mä kannan sitä siin samalla ... samalla harteillani. Ja tavallaan tää oo niinku ainut asia vaan mul on ne ihastukset aikasemmi, joist mä en halunnu kenellekään kertoa, et kenest-kenest pojast mä tykkään. Ja semmoset tosi henkilökohtaset asiat ni muutenkin, onks ne niinku sama asia tai kytkeytyy samaan asiaan?

Täydellisesti.   Koska kaikissa on se ajatuksissa, että pelkää tulla ojennetuksi uskonnollisuuden muotojen kautta.

Tai toisen veljensä oman kokemuksen kautta.   Pääsitkö perille?

En ihan vielä. Voitko jotenkin laajentaa vielä tai toisin sanoen.

**Toisin sanoen, kun sinä ihastut johonkin, nii vastakysymyksellä:
"Mitä pelättävää siinä on? Mitä salattavaa siinä on?"**
Mmm.
**Ei ole kysymys siitä, että siitä olisi pakko kertoa. Vaan kysymys on
sen ytimestä,**
Mmm.
mitä salattavaa siinä voisi olla, avoimessa vilpittömyydessään?
Mmm.

157

Se on jännä, sillon aikanaan joskus ku kerr-kerroin ystävälle, nykyselle ystävälle sillonen ehkä kaveri. Kerroin hänelle suoraan, et mitä mieltä mä olin hänestä ja se ei välttämättä ollu niinku…Miälestäni mä kerroin sen ihan suoraan ja kursailemattomasti, mut en vihamielisesti, ja hän otti sen sillon tosi hyvin vastaan ja nykyään me ollaan parhaita .. tai siis erittäin hyviä ystäviä.

Ni ehkä siin on myös se suoruus, et kun sä uskallat kertoa, miten asiat on, ni sillon ne vapautuu.

Miten asiat *sinun* kokemuksesi
Mmm.
mukaan on.
Mmm.

Silloin ei pelkää tuomiota.   Ja aina jokaisella on oma kokemus,
Mmm.
kaikkien unien ketjujen kokemus. Eikä itse asiassa kukaan voi kenenkään kokemuksia tietää,   tulkitsee ne vaan omalla kokemuksellaan.
Mmm.

Mutta huomaa, miten sinä aloitit, että "Sinä et halua koskaan tulla hihhuliuskovaiseksi."
Mmm-m.

Mutta tiedätkö mitä?

Mmm. Mä olen jo, hehhehheh.

Uskonnollisuuden muodoilla ei ole *mitään* tekemistä sen kanssa, mikä usko on.

Mmm.

Sillä uskon täytyy olla siellä, missä jotain on koettu ja nähty.
Joo.
Eli se on jokaisen oma kokemus.
Ja tarvitseeko kokemustaan piilottaa, kun se näkyy …

158

Mmm.
... itsestään – rauha ja ilo.

Ei tarvii.

Eikä siitä tarvitse niin sanotusti kaduille mennä saarnaamaan,
Mmm.

koska mikä silloin saarnaa?
Ego.

Se, joka haluaa tulla hyväksytyksi.
Mmm.
Eikö näin?

Joo.

Mutta kummalle?   Kumpi on mielessäsi, olla hyväksytty
menneisyyden pelon kokemuksille, menneisyyden tuomion pelolle
vai olla hyväksytty sellaisena kuin Jumala sinut laajensi itsensä
kaltaiseksi?

Nii, valitaan se jälkimmäinen.

Eiks helpota?
Mmm, kyllä. Kyl tää nyt aukes, joo.   Aivan.

Ja millä muulla pelko koittaa mitätöidä rakkauden kuin
uskonnollisuuden muotojen syyllistämisellä?   Ja uskonnollisuuden
muotojen raameilla: onko hyvä vai paha, ja niihin raameihin
mahtuu miljardit eri ehdot. Mut onks Jumalalla ehtoja?
Ei.

Siistä on kysymys.
Aivan.

Kun jokaisella on oma polkunsa, ja varmaakin varmempaa on se, että se anteeksiantava, kaiken hyväksyvä rakkaus   jättää ajan myötä pois sen syyllisyyden. Siihen ei tarvitse enää uskoa. Sillä se, mikä on muuttuvaa, ei voi olla totta.   Eiks vaan?
Kyllä. Joo.

Ja juuri siinä on nyt-hetken tyyneydellä   ikuinen mahdollisuus.

Valaistuminen

Eikö valaistumise..ksi pyrkiminen olekin juuri sitä, että asettaa ehdot,   millainen ajatus aina pitäisi olla?

Mmm, emmä ollukaan ajatellu sitä noin.   Totta.

Eikös se myöskin ole sitä, että haluaisi osoittaa toisille olevansa parempi ymmärtämään?
Mmm. Kyllä.

No, miksi edes puhua koko valaistumisesta?
Niinpä.

Elää sitä   nyt-hetkessä.
Mmm.

Koska nyt-hetki on ainoa, jossa on ainoa mahdollisuus tehdä nykyhetken valinta: miten itseensä suhtautuu.

Aivan.   (Toinen sana peittyy rahinaan)

Koska jokainen on Jumalan mielestä samanarvoinen.
Mmm.

Niin itse asiassa jokainen on Jumalan mielessä niin sanotusti, maallista sanaa käyttäen, valaistunut, mutta onko sitä itsensä mielessä?

Mmm.

Eipä oo ainakaan kovin monen mielestä.   Joo.

Siksi se on tarpeetonta   vertailu.
Mmm.

Eikös olekin?
On, on.   Kyllä.   Mennäänkö eteenpäin?

Mennään vaan.

Valinta, raha, kateus, ajatuksen sisältö, samanarvoisuus

Joo, tos on toi seuraavana nousi oikeestaan, ku kävin henkilön luona ni nousi sen jälkeen miäleen, ku mä oon ilmottautunu siihe vuoden kurssille, et oonko mä nyt tehny oikeen valinnan. Ja mä olin jotenki aatellu myös sitä rahapuolta, et se häiritsee enemmän veljeä kun mua, mut sit mä huomasin, et kyl mäkin sitä mietin, et... miätin, et tota..hhh.. et tuunko mä tavallaan saamaan sille rahalle vastinetta, vaik mä tiedän, et mä tulen, mut silti niinku mun piti jotenki käydä se ajatuskulku läpi. Sit mä rupesin miettii, et että enkö mä voi vaan käydä tääl kanavoinnissa, et miksi mä en tavallaan luota ... luota jossain mieles niin kun hänen kykyyn. Ja ...hhh ja ja ... et onko se sen arvosta.

Ja sit mä huomasin myös niinku, olin hetken pohtinut sitä asiaa, että siält nousi myös kateus pintaan, et... sitä työtä kohtaan ja.... ehkä s-niinku myös sitä, et ku ite on tehnyt jotain semmost työtä, mist ei oo ehkä uskaltanu ottaa sitä hintaa, mitä ois halunnu, nii kun siin hierojahommassa. Et mä tota ehkä tein sitä halvemmalla kun ois pitäny. Ni tavallaan miettii myös omalt kohdalta ehkä taas vähän tulevaisuuteen, et mitä jos jos jos joskus löytäis semmosen työn, ku on haaveillu.
Nii tota, huomas   et oli niinku kateellinen siitä työstä ja rahasta. Ja ehkä se niinku mielikuva, mikä itsellä oli niinku, et löytäis semmosen niin sanotun   unelmatilanteen, mikä tietysti on täs maailmas ihan mahdotonta, mutta tämmönen ajatuksen kulku.

Sallitko, että katsotaan tilannetta, jossa ensimmäisen kerran tuli mieleen tämä kurssi?

Joo.

Mitä silloin koit?

Mä koin, et toi on just mua varte, et tota mä oon aina ettiny.

Ja siellä ajassa, voiko sitä koskaan mitata, minkään muun kautta kuin puutteen kautta? Onko vastinetta?

Niin, mitata mitä?

Mitä tahansa rahaa. Se on paperi.
Mmm.
Se on väline.
Mmm.
Onko se epäjumala vai onko se Jumala?

Epäjumala.

Tässä kysymyksessäsi on kaikkein syvimpänä, eivät muodot, vaan sisältö.
Mmm.

Eli itse asiassa katsoo minkä asian tahansa puutteen kautta, niin eihän sitä koskaan voi saada mitään muuta kuin analysointia ja puutetta.
Mmm.

Vai mitä?
Niin. Kyllä.

Ja näin kun pitää *itsensä* samanarvoisena   kaikkien kanssa, niin silloin ei ole puutteen ajatusta. On vain runsauden ajatus.

Maailma syntyi puutteesta ja sen käyttövoimana on pelko. Analysointi, yksi muoto niistä. Ethän sinä tulevaa tiedä.   Vai mitä?
En niin.

Mitä saat tai mitä annat.
Mmm.

Mutta ehkä on niin paljon helpompi puhua kaikenkattavassa hyväksynnässä, harjoitella jokaista nyt-hetken kokemusta, koska yksinäsi et pelastu. Vaan jokainen veljesi on pelastajasi. Olisiko mahdollista katsoa _kaikkia_ tilanteita tällä tavoin?

Olis, ku muistais vaa.

Pelon kautta katsominen, mitä se on? Kerrotko itse?

Menneisyyden kautta katsomista.

Ja myös samaan aikaan pelkoa omasta arvottomuudesta, vai mitä?
Kyllä joo.

Ja näin kun sinä alussa kysyit, mistä tunnistaa varmuuden ja mistä tunnistaa epävarmuuden.
Mmm.

Kun varmuudessa syntyy ajatus, joka on täysin selvä, niin vanhat kokemukset pyrkivät kumoamaan aina kaiken menneisyyden kokemuksella. Mutta kun nyt-hetki on nyt-hetki. Ja mikä itse asiassa on rahaa?

Mmm. Eihän sitä oo, se on vaan ihmisen keksimää.
Se on muoto.   Se on muoto. Eikös ole?
On.

Ja kumman kautta ajatus kulkee itseään kohtaan ihan siis kaikessa? Kaikissa arkipäiväisissä ajan hetkissä. Onko se puute vai onko se rajaton kiitollisuus?

Kiitollisuus.

Ja näin, kun se on kiitollisuus, niin silloin ei ole koskaan sitä ajatusta, että tarvitsisi tietää tulevaisuuteen, mitä saan. Ainoastaan, mitä annan itselleni. Sen saan aina takaisin.   Alatko päästä?

Mmm. Pikkuhiljaa joo.

Kateus, vertailu, kilpailu, rakkauden vastaanottaminen
Jotenki voitko viäl sen kateuden kautta vähä raottaa tätä asiaa viäl lisää.

Kun katsotaan kateuden kautta, niin sehän on vain sitä, että todistelee itselleen, että minä tiedän ja minä osaan.
Mmm.
Ja jos katsoo, että toinen osaa. Toisen kokemus on   erilainen kuin minun, niin voiko siihen hänen kokemukseensa luottaa? Eikös se ole kilpailua
Mmm.
itsensä kautta, olenko riittävän hyvä vai olenko huono.
Mmm.

Vertaamalla sitä toiseen, joka kuitenkin on Jumalan mielessä samanarvoinen täydellisesti niin kuin sinäkin.
Mmm.

Eli itse asiassa se on itsensä mittaamista ja vertaamista muihin.

Mmm.

Ja näin siihen voisi vain herättää kysymyksen, että kuka vertaa: Jumala vai minun kokemukseni menneisyydessä?

164

Mmm. No sillon, ku mä oon kateellinen, nii se oma kokemus.

Juuri näin.

Mm.

Ja kun on kauan unelmoinut, että jokainen hetki voisi olla kiitollisuuden hetki ja sitä voisi jakaa.

Mmm.

Niin silloin pelko ottaa se rakkaus vastaan, kun luulee sillä olevan ainokaisenkaan ehdon.

Mmm, se on se kokemus, et aina on joku ehto.

Juuri näin.

Ni luottaa siihen, ettei ookaan ehtoja.

Ei ole olemassa mitään muuta kuin nyt-hetki.

Ja itse asiassa, tässä kateudessa sinä annat muodon puutteen kautta. Ethän sinä voi tietää, miten Jumalan ajatus voisi ohjata kaiken aikaa sinua ja jokaista. Vai mitä?

En. En pysty tietään Jumalan ajatuksia. Sillä ne vois vaan antaa korkeimmalle viisaudelle.

Ja näin ne voi todella antaa sille sisäiselle rauhalle. Palauttaa mielensä armeliaisuuteen, lempeyteen ja anteeksiantoon siihen, että eihän pelko ole koskaan mitään tiennytkään ja siksi minä olen kärsinyt. Vai mitä?

Kyllä, joo. Kiitos tosta.

Hinta, arvostus, mittaaminen, mahdollisuuden antaminen

Ja aivan sama on hinnan määrittelyssä. Kun sinä kerroit siitä hieronta- ...

Mmm.

... asiasta, niin eikö hintakin katsottu puutteen kautta eikä sen arvon kautta?
Mmm. Kyllä.

Ja itse asiassa ei voi arvostaa, jos katsoo puutteen kautta.
Aivan.

Ja näin tämä johdattaa pikkuhiljaa sen sillan, että sinun ei tarvitse päättää puutteen kautta mitään vaan antaa se mahdollisuus.

Haetko sen pikku kirjan sitten, kun lopetetaan. Sinä tiedät, mistä minä puhun.
H: Joo, kyllä.

Niin se laajenee.

H: Joo.
Ja näin saa katsoa sitä. Ottaa kopion siitä, eikö niin.
H: Kyllä.

(Lainaus: *Täydennysosa Ihmeiden oppikurssiin: Luku 3: Jakso III – Maksukysymys, Kappale 2, Lauseet 7 ja 8: "Rahan antaminen silloin, kun Jumalan suunnitelma sitä vaatii, ei maksa mitään. Sen antamatta jättäminen sieltä, minne se oikeuden mukaan kuuluu, maksaa suunnattomasti (syyllisyyden).")*

Ja kun sinä katsot sitä, joka on rakkauden näkemys. Silloin sinulle tulee rauha ja sinun ei tarvitse mitata enää mitään vaan antautua rakastamaan itsesi eheyksi.

Näin vertauskuvallisesti aikanani minäkin sanoin henkilölle, että "Minä tarvitsen sinua". Sillä on vähän heitä, jotka uskaltautuvat kuuntelemaan minua täysin. Alatko nyt päästä perille?

Mmm, kyllä.

Rakkautta laajentumaan, hyväksyntää laajentamaan, että se olisi kaikille muillekin yhä helpommin mahdollista.

Aivan.

Eikä heitä ole koskaan liikaa.

Ei varmasti.   Paljon on ihmisii, jotka kaipaa jotain herätystä, että he alkais haluta muistaa.

H: Tuohon vielä ..köhm.. näihin summihin. Hänhän on niin sanotusti yrittäjä.

M: Mmm.

H: Hänhän maksaa liikevaih… taikka arvolisäveron ensiksi pois päältä,

M: Mmm.

H: Sitten oman verotuksensa

M: Mmm.

H: eli niistä bruttosummista noin puolet.

M: Nii, nii.

H: Ja ja sitten se, joka tietää, kuinka pitkää päivää hän tekee sillä tavalla, että hänen… nyt mä en tiedä, ku he ovat vähän suunnitelleet muutosta, koska hän ei tahdo jaksaa, kos-koska aamusta yhdeksästä iltaan yhdeksään hän puhelimeen vastaa.

M: Mmm.

H: Niin se ei oo ollenkaan kohtuuton korvaus.

M: Ymmärrän ja

H: Heheheh

M: mä tiedostan tän, mut et tavallaan sen…öö…mä halusin sen oman…

H: Joo, joo, kyllä ihan

M: ajatuksen...

H: ihan totta joo ja se oli hyvä, ku otit esille.

M: Joo.

Ja katsopas,   jokaisessa on Pyhän Hengen kommunikaattori. Ja se tarkoittaa sitä, että silloin sinulta *ei mitään* puutu vaan kaiken saat, mitä todella tarvitset ja vielä paljon enemmän, …

Joo.

... koska se kaikki siunataan moninkertaisesti. Ja mitä enemmän annat, sitä enemmän saat – ajatuksiasi. Saat ne takaisin itsellesi, jokaisen rakkauden ajatuksen.

Ja se on se runsaus, ei paperinpala ja metallinkolikko.
Mmm.

Voisiko olla niin, että kun antautuu ja muistaa Jumalan pelastussuunnitelman, että ainokainenkaan voisi koskaan kärsiä?
Ei.

Ja näin sinussa on vain risteillyt se pelko   uskaltaako antautua.
Mmm.
Eikös ole?
On.

Ja kai-puu on kova.
Mmm. (Kaipuu sanan kohdalla Rakkaus piti tavujen välissä tauon. Olin omissa ajatuksissani ja kuulin vain jälkimmäisen tavun.)

Entäs se virtaava vesi siellä puun sisällä?
Juuri näin. Virtaava vesi tarkoittaa, että se vesi ei seiso.

Mmm.

Se tarkoittaa sitä, että se on alati uusi   jokainen hetki.   Se on vertauskuva jokaisesta nyt-hetkestä, miten kaikki itsestään soljuu. Ei vesi kysy, saako se laskeutua merta kohti purosta.
Mmm.

Mutta ajan maailmassa, unien kierrossa puute kysyy aina: "Saanko minä   olla vapaa?" Eik' se koskaan voi olla vapaa, mutta rakkaus on vapaa. Se on kuin virtaava vesi. Eikö niin?
Kyllä.

M: Voiks mä laittaa ton kännykän? Häiriityyk se sun laite?
Ei, ...

H: Ei häiriinny
… ei mitenkään.

M: Okei, mä laitan ton.

Joten ainoastaan kuuntele varmuutta.

H: Hetkine, tuohon, mä vaan aattelin, ettei se oo tossa.
(H muuttaa kännykän asentoa)
M: Aha. Okei.

**Kuuntele varmuuttasi. Ja kun olet epävarma, sano silloin itsellesi, et
"Epävarmuudessa minun ei tarvitse tehdä enää ainokaistakaan
päätöstä."**

Vai mitä?
Aivan.

Kaikenkattava hyväksyntä, toisen ihmisen pelko

Toi toi … Joo, sit mä oon laittanu semmosen asian, kun.. mmm.. pelkäsin
sitä, kun veli huusi mulle niin tota, mä aikoinaan myönsin sen sitte
itselleni ja kerroin siskolle asiasta niin tota mul on semmonen olo, et
sisko on välittäny tiedon veljelle taas, vaikka en oo hänen kanssa siit
keskustellu niin tota…äää. Onko se tehny veljen jotenki varovaiseks
tai… a-ööö.. aiheuttanu hänelle jotain sinne niinku lukkoja?

**Katsopas, kummallakin on syyllisyys: sinulla,   veljelläsi, siskollasi.
Mutta onko syyllisyys ikuinen, pysyvä ja muuttumaton?**
Ei.

**Päästäksesi vapaaksi, olisiko aina kun veljesi tulee mieleesi niin
mahdollista kertoa hänelle kaikenkattava hyväksyntä?**
Mmm-m.   On.

Ja kun sinä teet sen mielessäsi,   niin sinä vapaudut ja samalla vapautat kaikki. *Niin* **suuri on ajatuksen voima.**

Jossain vaiheessa sinä vain havaitset, että "Minä ymmärrän sen nyt. Ei siinä ollut mitään pahaa, koska olen minäkin joskus huutanut."
Mmm, aika useinki.
Niin.

Niinpä. Kiitos joo, kokeillaan tuota heh seuraavan kerran, kun tulee mieleen.

Uhkailu-kiristys-lahjonta, kuka määrää?

Tää on varmaan nyt tätä samaa asiaa elikä sit kun tulee itelle se heidän kanssa, et tavallaan pelikortit loppuu keske ja tulee taas se vanha tapa toimia, et uhkailu, kiristys ja lahjonta...ni se, et minkälaisen ajatuksen siihen pitäis löytää? Ja sit jotenki mietin myös näitä muotoja taas, että onko kännyköissä säteilyä ja saako ne jotain ...jo.. tuleeko niistä jotain häiriöitä heille, jos he pelaa liikaa tai…. tekee…. vähän tätä samaa asiaa … asiaa eri kantilta, mutta mä haluisin tähänki kuulla nyt jonkun punasen langan.

Yksinkertainen pieni neuvo: Soita kelloa, kun pinna menee paha … meinaa palaa.

Aikalisä.

Ja näin kun sinä soitat sitä kelloa. Joko ihan laitat sellaisen kili-kellon ja heilautat sitä, niin huomaat: "Aha, suunnan vaihto."

Joo.

Ja toinen on kyseenalaistaa se, että ei kestä eikä jaksa. Kysy silloin itseltäsi: "Kuka täällä määrää? Pyhä Henki vai hyökkäys?"
Mmm.

Eiks ole aika helppo tehdä päätös
Aivan.
uudelleen?

Kyllä, kuulostaa helpolta. Kokeillaan käytännössä.

Ja se on helppoa. Mitä nopeammin havaitset: "Suunnanmuutos. Kuka täällä määrää? Rakkaus vai pelko?"   Sitä helpommin saat tartuttua siihen, sitä vähemmän tarvitsee kiristystä ja uhkailua.
Mmm-m.

Ja näin tämä oma kokemuksesi, kun hän huusi, niin sen anteeksianto itselle, niin ei tule itse huudettua.
Mmm.

Koska jokainen hetki on kuitenkin mahdollisuus katsoa, määrääkö pelko. Jumala ei määrää.   "Mikä tämän ajatuksen minulle tuotti, ymmärrys ja viisaus vaiko menneen kokemuksen pelko?"   Ja on äärettömän hyvä, että sinä olet sitä jo avannut ja kertonut siskollesi.
Mmm.
Ja nyt voit kertoa vielä sisällöllisesti uudelleen ja uudelleen.   Näin sinä vapaudut siitä, että   tarvitseeko uhkailla, tarvitseeko kiristää. Minkä ajatuksen se sinuun saa, jos sinua uhkaillaan ja kiristetään?

Kyllähän siinä takajaloilleen nousee: "Kiitos, ei." Joko hyökkää tai puolustautuu.   Näin siin herkästi tulee reagoitua.

Juuri näin. Mutta nyt on kysymys sinusta. Nyt on kysymys sinun vapaudestasi.

Ja näin sinun jokaisen nyt-hetken päätöksellä on sinulle   merkitys, mikä sen sisältö on. Ja luopuminen tuskasta, ei ole enää kiinnipitämistä siitä vaan siitä *saa* luopua. Saa katsoa uudelleen laajemmalla ymmärryksellä. Se on lahja. Eiks ole?
Mmm. On.

Mutta kun ei ole tiennyt itsellä sellaista lahjaa olevan, kun on kautta koko historian pyytänyt ulkopuolisen hyväksynnän ajatuksilleen.

Mm, niinpä.

Mutta nyt kun sen tietää, niin ei tarvitse enää olla.

Mm, eli saako taas rinnastaa tähän yhden asian, mikä on mielessä?

Kaiken, mitä ikinä haluat päästää irti, puhu se pois.

Tarve puhua ja olla hyväksytty, odotus, rakkauden kerjäläinen

Niin, kun on tota, mul on ollu hirvee tarve jutella ja kertoa ja on ollu ilo siitä, että on myös löytyny sellasii ystäviä, joiden kanssa on pystyny puhua syvällisiä asioita. Mut et sit siihen on itelle tullu se, et on aina odottanu.. odottanu, et he vastaa. Et kun mä oon saanu kerrottua mun jonkun hienon asian, et on… kaivannu ja kaipaa edelleenkin sitä, et no, miks se ei vastannu ja...huomaa…huomaa ehkä et, mitä mä odotan, et toinen ihminen kertois. Nii mä odotan sitä, et hän kertois mulle, et "hianoo, tosi hyvä, upeet vastaukset ja upeet ajatukset", et vaikka niin kun tietysti se vuorokeskustelu ja se on niin kun hieno asia. Mut silti niinku huomaa sitä, et ku joku toinen   kertooki, niin kun hänen kanssa nyt ku juteltiin tai kirjotettiin, niin tota, ku hänellä tuli erilainen mielipide, mikä mul on, nii sit mä huomasinki, et miten siinä kirjotukseenki jo reagoi ja puolustautuu, et eihän tää näin mennykkään. Et se oli tosi hiano … hiano tavallaan kirjeenvaihto sähkösesti. Ja sitten kun laitoin viimesen viestin ja siihe ei tullukkaan vastausta, ni sit jäiki taas tyhjä olo, et no, et joku kommentti.   Eli eikö tässä ole samasta asiasta kysymys?

Hyväksynnän etsimisestä.
Mmm.
Rakkauden kerjäläinen. Huomaatko, minä kärjistän?
Mmm. Sitähän se on.

Niin silloin sen oivaltaa ja muistaa. Vaan hyväksyä toiset, jokainen sellaisena kuin hän on, antaa parhaan mahdollisuuden muuttaa käsitystään.   Eikä puhuminen ole pahasta vaan se on jakamista. Sillä eiväthän ideat laajene, ellei niitä jaa. Eikä se ole koskaan itseltä pois.

Mmm.   Totta.

Ja kun sinä odotat, että he kiittäisivät sinua, niin perustuuko se rakkauden laajentamiseen vai kiitoksen odotukseen?

Kiitoksen odotukseen.

Että olisi itse itselleen aito.

Että ois hyväksytty semmosena ku on.
Juuri näin.

Rakkaus ei kysy muotoja, ei tekoja, ei sanoja vaan se on rajaton lempeys, armeliaisuus.   Koska silloinhan kun odottaa, silloinhan haluaa päättää toisen puolesta.
Mmm, kyllä.

Kateus, ihmissuhteiden parantuminen, armeliaisuus
Kun sinä otit tuon kateus-sanan aikaisemmin esille,
Mmm-m.
niin voisiko olla mahdollista, että siinä toinen voi tuntea myös itsensä huonoksi ja toinen on parempi?

Mmm, voip' se olla niinki.

Merkitystä on sillä, että jokainen on kallisarvoinen ystävä.
Jokainen on peili.

Koska maailman tarkoitus on pelkästään kaikkien ihmissuhteiden parantuminen.

173

Ja kun ihmissuhteet paranevat, kaikki alkaa itsestä, armeliaisuudesta itselleen, joten ei tarvitse palata menneisyyteen ja menneisyyden katumukseen,
Mm.

vaan jokainen hetki on uusi. Sitä on armeliaisuus. Sen löytämistä. Sen vastaanottamista itselleen.

Koska silloin Pyhän Hengen ääni ei ole enää pieni, hento, hiljainen vaan se saa kasvun mahdollisuuden muistin palauttamiseksi.

Aivan.   Tota…

Kännykän säteilystä, ajatuksen sisällön merkitys
Siitä säteilystä vielä.
Joo-o?

Minkä merkityksen sinä sille annat?

Mmm. Nii, niin se tulee menemää.
Tismalleen.

Jos sillä ei oo mulle mitään merkitystä, nii sillä ei oo mu-muutenkaan merkitystä.
Juuri näin, koska se on pelkoon perustuvaa.
Mm.

Melu, äänet
Entäs ne äänet, ku soi mun päässä välillä, ku he pitää metakkaa. Sen ei tarvii olla isokaan välillä, mut silti must tuntuu, et mun pää hajoaa, kilisee joka paikassa. Miten mää sen hehehe aiheutan itelleni? Tai mite mieluummin mä saan sen pois?

Jälkimmäinen kysymys oli viisaampi.

Niinpä. Hehe.

Ensimmäinen kysymys oli syyllisyyttä.
Hahaha

Onhan niitä yksinkertaisesti langattomia kuulokkeita.
Mmm, joo. Semmoiset mulla onki. Kyllä mää niitä käytän aina sillon tällön.

Ja kun sinä käytät niitä ja kuuntelet toisenlaista musiikkia,
Mm.

harmoniaa ja rauhaa, niin ethän sinä edes tiedä, että heillä pauhaa.
Aivan.

Mutta yksinkertaisempaa olisi rauhassa keskustella siitä, että välitetään toisistakin, otetaan toiset huomioon.

Niin ei aivan niin lujaa tarvitse soittaa.
Niinpä.
Katsos, sen minkä kotona rakkaudessa oppii, oppii myös arvostamaan ja kunnioittamaan toisia.
Mm.
Ettei oma syyllisyys kasva,   vaan on vapaa jokaisena hetkenä muistamaan hyväksynnän, itsensä ja muiden.

Seksuaalisuus, hyväksyminen
Niinpä. Mul on viäl yks asia täällä eli tota...

Eli semmonen niin kun…. Mä oon laittanu tänne oikeestaan niinku seksuaalisuus ja arkuus. Molemmat vähän niinku linkittänyt, et tota…. ömmm… välillä.. öm.. emmä koe siin seksuaalisuudes ehkä olevani niin arka, mut mä huomaan kyl torjuvani häntä usein. Meil on varmasti niinku erilaiset tai ehkä eri asteiset tarpeet. Hän haluis usein ja paljon ja mul ei oo niin niinku … mulle riittää vähempiki. Mut et sit mä huomaan myös,

175

et niinku se oman mielipiteen kertominen, vaikka se on välillä selväkin, nii siin on semmosta arkuutta ehkä. Ehkä sit jos ... jos on saanu sen sanottua niin sitte se, et jos toinen ei ookaan ymmärtäny sitä, mitä on sanonu. Niin kun hänen kans must tuntuu, et aikaisemmin oli vaikeampi keskustella, mut nyt tuntuu, et ne keskustelut alkaa pikkuhiljaa aukenee paremmin ja niihin tulee erilail syvyyttä, mut sit taas niinku täs yhes koulutukses, ni sillon kun sanoin tälle kouluttajalle, että mihin-mihin mä pyrin ja mitä mä haluan. Niin tota hän ei ymmärtäny sitä ollenka, ni tuntu, ettei siin keskustelus päästy eteenpäin. Ja nyt mä huomaan, et sit mä en saakaan sanottuu hänelle, et ei tää nyt… mä haluun oikeesti sen aikalisän, et mä en haluu tehä mitään päätöksiä. Tai mä sain sen sanottua, mut jotenki must tuntu, että se kaiku kuuroille korville.   Täs tuli nyt monta asiaa.

Yksinkertaistettuna huomaatko, miten pelko tiivistyy?

Voitko avata, heh. En nyt huomaa.

Siten, että kun pelkää, niin jo etukäteen ajattelee sitä, että loukkaako toista.
Mmm, totta. Ja miten toinen reagoi siihen mun sanaan.

Kaikki perustuu odotukseen
Mm.
oman kokemuksen kautta, mutta kokemus voidaan muuttaa vapauden kokemukseksi.
Mmhy.
Tarvitseeko puolustella mitään?
Ei.

Tarvitseeko ainoastaan olla jokaisessa nyt-hetkessä? Hyväksyä itsensä ja hyväksyä hänet juuri nyt
Mm.
aidossa totuudessa.   Silloin ei ole enää menneisyyden kokemukset sellaisia, joista tarvitsisi väen väkisin pitää kiinni.

Niinpä.

Ja itse asiassa, saanko kysyä kärjistyneesti?

Ilman muuta.

Tiedätkö, mitä itse asiassa haluat?

Vapautua peloista.

Juuri näin.

Eihän sillä ole mitään tekemistä muotojen kanssa.
Mm.

Ja yksi rakkauden sisältö on päästä lähelle, jakaa hyväksyntää. Ja miten paljon siihen kysymykseesi seksuaalisuudesta, kuinka paljon sillä rajoitetaan, kahlitaan ja vangitaan.
Mm. Paljon.

Mutta tarvitseeko niin olla?

Ei.

Tarvitseeko mitään ennakoida?
Ei.
Tarvitseeko mitään kahlehtia odotuksiin?
Ei.

Näillä kysymyksillä minä herättelen sinussa sen, että niin kuin minä sanoin aikaisemmin, mitä enemmän annat hyväksyntää itsellesi, sitä enemmän annat hyväksyntää läheisillesi.

Joka tarkoittaa sitä, että ihmissuhteet tulevat samanarvoisiksi ja lähemmäksi. Rakkautta laajennetaan ja ihmissuhteissa rakkauden laajennus on myös sitä niin kutsuttua seksuaalisuutta – ei pelkää, vaan antautuu jokaiseen nyt-hetkeen.

Älä anna itsellesi roolia, äläkä anna s..veljellesikään mitään roolia. Ethän sinä ole marionettinukke eikä hän ole marionettinukke.
Mm, aivan.

Koska jokainen uusi hetki on koskaan ennen kokematon, täysin puhdas ja viaton. Ja kun sinä ajattelet niin, sinä vapaudut pohtimasta näiden roolien kautta. Eiks ole helpottavaa?
Mmm-m.

Jatka vaan. Sinulla on tähän vielä.

Koskemattomuus, hylätyksi tulemisen pelko

Nii onki, joo. Se ei jotenki aukee nyt ihan täysi. Emmä tiiä no, mä lähen sit sieltä ..sieltä kohtaa, mistä mä muistan eli tota tää tota … ihminen, joka joskus ku oltii juhlimas, niin tota vaan horjahti mun päälle silleen, et hän otti mun rinnoista kiinni. Ja se…sit hän saman tien poistu siitä, mut se jotenki loukkas mun koskemattomuutta. Ja..siihe ei sillon kukaan puuttunu, enkä mä ehkä olettanukaan sitä. Mut et se oli mulle semmonen … tota iso asia. Ja mä oon niin kun ollu ehkä sellai tai kokenu olevani niinku arka seksuaalisesti, et mä en oo halunnu päästää herkästi ketään lähelle. Tai ainaki mä oon halunnu kattoo vähän pidempään, et mitä tapahtuu. Mä oon kyllä niinku mielelläni ollu ihastunu johonkin ja ihastellu sitä kauempaa ja tehny niit pilvilinnoja, mut sitte kun … joku on ihastunu muhun, nii sit mä oonki laittanu niin kun pakkia päälle, et en mä ees haluu kattoo, et ootsä kiva vai ei, että "Pysy sä vaan kaukana." Tää on ollu se kuvio niinku pitkään, et sit mä en tiedä toistanko mä sitä kuvioo nyt sit hänen kanssa jollain muatoo, mut siihe mä haluisi jonku avauksen saada.

178

Kaiken pohjalla on hylätyksi tulemisen pelko ja sitä kaihtaa rakkautta, kun on hylätyksi tulemisen kokemus.

Alatko päästä perille?
Mmm. Pikkusen.

Ja mitä sille omalle kokemukselleen, miten sitä voisi katsoa.
Uudesta näkökulmasta.

Antaa anteeksi se kokemus.   Ei tarvitse tuoda sitä jokaiseen uuteen hetkeen, vaan se on tapahtunut menneisyydessä ja katsoa sitä suuremmalla viisaudella, et onko *mitään* mitä tarvitsee pelätä?
Ei.

Onko maailmassa *mitään*, että sille pelolle haluaisi antaa valtaa?
Ei.

Olisiko mahdollista silloin kysyä itseltään, kun reagoin pelolla, ni mitä se pelko minulle antaa?

Lisää pelkoa,   epävarmuutta.
Siksikö tulin
Mmm,
maailmaan?
enpä tullu.

Ja juuri tässä on väline, jolla sinä saat sen pelon pois. "Enpä tullut sen vuoksi vaan tulin u-uudelleen valitsemaan armeliaisuuden kautta   kaiken."
Aivan.

Sillä se, mitä itsestäs aattelet, sen maailmaan saattelet.

Eli se ajatus, mikä mul on ollu, et "Hyväksyn itseni." Niin se riittää.

Riittää. "Hyväksyn itseni   vilpittömänä ja viattomana. Sillä menneisyyden kokemukset eivät voi minua enää haavoittaa, koska ymmärrän nyt,   mistä on kysymys.

Kysymys on valinnastani.

Rakkauden, viisauden ja ymmärryksen valinnastani." Näin sinun ei tarvitse taistella sitä   – vanhoja kokemuksia, niiden kautta, koska silloin sinä pidät niitä vielä voimassa.

Vaan ainoastaan saa luopua ja katsoa rakkauden eli ymmärryksen, viisauden, hyväksynnän ja kiitollisuuden kautta.

Niinpä. Joo.

Näin voit vain todeta, että en ole enää vankilassa.   Kun otetaan kärjistyneesti, …
Mm.
… mielen vankila on mittaamattoman paljon   enemmän kuin ulkoinen vankila.

Mutta siinä on se ero, että sen mielen vankilan portit on aina auki: "Lennä, lintu, lennä." Eiks niin?

Niinpä. Mut ei vaan tajuu lähtee lentoo   aina.

Yhä useammin ja useammin.
Niinpä.

Ja näin roolit murtuvat, sillä ne ovat menneisyyden kokemuksia, millainen minä olen   ollut ja mistä pidän kiinni. Eihän loisto pääse kenestäkään esiin, jos pitää kiinni

Mmm, niinpä.
ajatuksesta, että rakkaus täytyy ansaita.
Mm.

**Miten sitä voi ansaita, kun se on oma totuus ollut ikuisesti?
Eiks niin?**
Niinpä.

**Puute sanoo, että kaikki täytyy ansaita.   Mutta haluatko sinä olla
puutteen ajatuksessa?**
En.

Ei se koskaan tule pitämään sinua muuta kuin vankilassa,
Mm.

ajatusten vankilassa.   Eiks niin?
Niinpä.

**Ja näin kun sinä taas tätä kuuntelet, sinä tulet huomaamaan, että
sinä oivallat yhä syvemmin ja syvemmin, yhä useammin ja
useammin, koska sinä annat itsellesi mahdollisuuden.**

**Sen jonka sinä   tulit itsellesi,   ei tekemään, vaan itsestäsi
ajattelemaan.**

Huomaatko, miten jokaisessa kysymyksessäsi on sama periaate?
Mmm-m.
Sama ämpäri eri kantilta.
Juuri näin.

Ja sama sisältö, joka muuttaa kaiken.
Mmm. Kyllä.

**Ja näin se on yhä helpompaa ja helpompaa,   kun huomaa vain
yksinkertaisesti,   mikä on minun ajatukseni sisältö,
rakkaudettomuus itseä ja muita kohtaan   vaiko lempeä ja
kiitollinen jokainen nyt-hetki.**

Ja jos oikein ottaa yhtäkkiä niin sanotusti pannuun, niin kerro se 100 000:lla se kokemus. Ja huomaa, että haluttaako vielä pelkoa lisää.
Mmm, aivan.

Kärjistäminen on äärimmäisen tehokas huomata, että mistä *saa* luopua.
Mmm.

Siis *saa* luopua,
Niinpä.
ei ole pakko.
Heheheh

Ja miten vapaaksi se mielen tekeekään, kun *saa* luopua.

Sinun ei tarvitse minkään maailman ehtojen estää sinua valitsemasta jokainen hetki. Sillä se, mikä on sinulle parhaaksi, on kaikille muillekin, koska se on viisaus, ymmärrys, armeliaisuus ja kiitollisuus. Eiks niin?
Mmm, kyllä.

Rajaton kiitos.
Kiitos.
H: Kiitos.

Suurenmoinen kiitos.

Puhuminen, onnellinen vai oikeassa

Nyt sinä huomaat, että kuinka tärkeätä on antaa pois ja puhua se pois. Eikös olekin?

Kyllä.

Koska vain puhumalla saa kokemuksen: "Yksin en pysty, vaan kun tulin   kokemukseni kautta hyväksymään itseni, niin tulin löytämään totuuteni." Se on varmaakin varmempaa.

Olisiko mahdollista tehdä pikkuinen, kaunis taulu?
Mmm-m. On.

Mitä siihin kirjoittaisit?

Hyväksyn itseni.

Ja jatkat siihen, että ollako onnellinen vai ollako oikeassa.

Valinta on helppo. Eiks ole?
Mmm-m.

Sillä onnellisuuden sisältö hyväksyy jokaisen veljensä. Enää ei tarvitse ostaa eikä kerjätä vaan *olla* onnellinen. Koska ne rajat, jotka olivat, ne ovat vain pelon antamat rajat ja pelko ei tiedä mitään rakkaudesta.

Niinpä.

Rajaton kiitos.
Kiitos.
H: Kiitos.

Suurenmoinen kiitos.
H: Kiitos.

PÄIVÄKIRJAKIRJOITUKSIA JA

RAKKAUSKIRJEITÄ

Yhdessä

Korkein viisauteni

Mikä on minulle parhaaksi?
Olo on sekava.
Siinä paikassa olo on eksyksissä.

Mikä on minulle parhaaksi?
Miten tunnelma voi olla niin erilainen eri paikoissa, eri hetkissä?
Annan nämä ajatukset
korkeamman viisauden nähtäväksi ja päätettäväksi,
valoon vietäväksi.

Auta minua.
En tiedä, miten minun pitäisi olla,
mitä minun pitäisi ajatella.
Miten katsoa näitä tilanteita?
Miten tuoda lempeys ja hyväksyntä näihin hetkiin?
Katsoa näitä ihmisiä lempeyden kautta.
Ymmärtäen, että jokainen heistä toimii parhaan kykynsä mukaan.

Auta minua.
Minä en osaa.
Minä en tiedä mitään.
Eikä minun tarvitsekaan tietää mitään.

Haluan käpertyä itseeni,
löytää turvapaikan – rauhaisan, tyynen lahden,
jonne aurinko paistaa.

Kääriydyn sumuverhoon.
Tunnen, miten vesi hyväilee kasvojani
pienen pieninä pisaroina.
Usva kääriytyy sydämeni ympärille,
aurinko peittyy näkyvistä.

Miten vesipisarat voivat painaa kuin lyijy
ja samalla mielessä elää muistikuva
auringon keveydestä ja lämmöstä.

Huudan ääneti usvan raskaan tuskan ilmoille.
Anon armoa, pyydän apua,
koska tiedän – yksin olen voimaton.
Käperryn syliisi – antaudun.

Lapseni

Sinä tunnet käteni kädessäsi.
Minä olen sinä.
Ikuisuudessa me olemme yksi.
Ikuisuudessa kylvemme rakkauden suloisessa auringon syleilyssä.

Kumpi sinussa äsken puhui?
Pelko vai Rakkaus?
Reagoiko totuus vai tekominä?
Sinä tiedät seuraavan kysymykseni.
Oliko äskeinen totta vai harhaa?
Oliko se ikuista ja muuttumatonta
vai tilapäistä ja altista muutoksille?
Niin.
Äskeinen oli harhaa – sitä ei koskaan tapahtunut.

Sinä haluat laajentaa rakkautta!

Mitä itsestäsi aattelet, sen maailmaan saattelet.

"Hups. kompastuin. nousenpa ylös ja jatkan matkaa."

Kuljen kanssasi, tuen askeleitasi.
Rakkaimpani!

Sisimpäni

Kosketuksesi ihollani on niin hento niin aito,
aivan kuin tuulen taito.
Olet ympärilläni, sisälläni,
kosketat minua ikuisesti
kaikkialta
ihanasti, lempeästi,
aidolla rakkaudella
jokainen hetki.
Hyväilet minua,
kuiskaat minulle,
huolehdit minusta,
olet paras ystäväni.

Haluan kuulla,
muistaa ja tuntea sinut
jokaisessa hetkessä.
Haluan sulautua sinuun.
Nyt ja iankaikkisesti.
– Aamen –

Tietoisuuteni, ulkokuoreni

Se mitä näet, on vain kulissi – näytelmä, illuusio.
Taitavasti olet sen luonut,
huolella uppoutunut rooliisi,
viimeistellyt käsikirjoituksen
ja jokaisen improvisoinnin hetken.

Nyt on aika valita toisin.
Tarkkailla, huomioida, hyväksyä.
Katsoa lempeydellä ja
hyväksyä kaikenlaiset hetket näyttämöllä.

Sinun ei tarvitse tietää seuraavaa repliikkiä.
Sinun ei tarvitse osata.
Sinun ei tarvitse suorittaa.
Vain hyväksyä, armahtaa, antautua –
antaa jokainen hetki korkeamman viisauden nähtäväksi.
Ei ulkopuolelle vaan itsesi totuudelle.
Ja sinun on oleva rauha.

Ikuisesti.
Aamen

♡

Oppaani

Miten yksinkertaista kaikki onkaan.
Kaikki on vain minun päässäni, minun luomustani, valintojani.
Mikään ulkopuolella ei vaikuta minuun, ainoastaan omat ajatukseni.
Kaikki lähtee liikkeelle ajatuksesta.

Näytelmä on tehty oivallisesti.
Usein vielä uppoudun rooliini ja luulen, että se on todellinen.
Unohdan tarkkailijan ja käsikirjoittajan.
Unohdan, että valinta on minulla joka ikinen hetki.

Ihanaa, että autat minua muistamaan!
Ihanaa, että kuljet kanssani, kätesi kädessäni –
minua ohjaten, johdattaen, opastaen, muistuttaen!

Kiitos. Kiitos. Kiitos!

Lapseni, pienokaiseni, ikuisuuteni!

Siinä on ydin – sisältö – ajatuksessa.
Se on polku, tie, jolla kuljet.
Ajatusten tie!

Ihanaa, että olet sallinut itsellesi useampia tiennäyttäjiä,
viitoittajia, jotka toimivat valoina polullasi.
Puhtaasta rakkaudesta he valaisevat polkusi kirkkaasti,
lempeästi, armollisesti.

Kiitollisena ja luottavaisena annat valojen viitoittaa kulkuasi,
annat minun ohjata askeleitasi, ajatuksiasi, sanojasi, tekojasi.
Antaudut rakkauden syleilyyn.

Tanssit, laulat ja maalaat pilviverhon pois valkeuden tieltä.
Kylvet armossa, rauhassa ja rakkaudessa.
Ikuisesti.

Aamen

<u>Moikka Pyhis!</u>

Ihana päivä.
Kiitos, kiitos, kiitos.
Miten ihanasti ohjasitkaan sanojani ystävän luona.
Kiitos, että osasin kuunnella viestejäsi.
Kiitos, että sain käydä kaikki tarpeelliset asiat läpi.
Olet ihana ja ihmeellinen.
Kiitos rauhan tunteesta hänen luona.
Uudet näkökulmat, kysymykset,
asioiden ja oman näkemyksen avautuminen.
Ah – kiitos!
Kiitos viisaudestasi,
Kiitos sylistäsi lämpimästä,
hellästä hyväksynnästä,
avoimesta kutsusta
kuunnella sinua.
Kiitos!

Lapseni pieni pienokaiseni.

Kukka kämmenelläni,
hento tuuli puiden latvoissa,
unelma kevään tuoksusta,
raikas, virtaava vesi,
elämä itse
aitona ja sykkivänä.
Ikuisen rakkauden lähteenä.
Sisin kimmeltävä,
pulppuava vesi.
Sen raikkaus,
sen puhtaus,
sen herkkä ja ehtymätön
ikuinen voima.
Siinä on kaikki – yhdessä pisarassa
on
koko valtameri.

Yhdessä ihmisessä on kaikki se rakkaus,
joka me olemme.
Kaikki me yhdessä olemme rakkaus.
Yksi ja jakamaton,
Ikuinen.
Ajaton.
Muuttumaton.
Totuus.

Me ihmiset olemme sadepisaroita,
jokaisessa meissä on koko valtameren viisaus.

Jokainen on rakkaus
puhtaana, kokonaisena, ikuisena ja muuttumattomana.

Jokaisessa meissä asuu tuo rakkaus
ja jokainen meistä tulee oman todellisen luontonsa muistamaan,
kun sen aika on.

Halleluujaa!

Rakkauden talo

16.12.2012

Kehoni sairastaa, väsyttää, paleltaa,
rajoitan ajatuksillani itseäni
yhä syvemmälle ja syvemmälle samaan kierteeseen.
Kysyn: "Miten voin auttaa kehoani voimaa paremmin?"
Vastaus tulee kuin itsestään.
Huomaan rakentavani itselleni rakkauden taloa.

Talolla ei ole kattoa, ei seiniä, ei lattiaa.
Silti talo ympäröi minua jatkuvasti,
suojelee, antaa turvaa.

Rakennan talooni iloa, riemua, lempeyttä, armoa,
anteeksiantoa, läsnäoloa, antamista,
luottamusta, pyhyyttä, kiitollisuutta,
tyhjentymistä, täyttymistä,
ikuisuutta, ajattomuutta,
puhtautta, hiljaisuutta, herkkyyttä
– puhdasta totuutta –
rakkautta, pyyteettömyyttä.

Kuuntelen, tunnustelen,
miltä tämä kaikki tuntuu.

Talo kulkee mukanani aina,
kaikkialle aina heräämiseeni asti,
jolloin en enää tarvitse taloani.

Herätessäni olen taloni
– ikuisesti –
totuudessa oleva
puhdas, pyyteetön,
rajaton, ajaton
hyväksyntä eli rakkaus.
Aamen.

KESKUSTELUA RAKKAUDEN KANSSA

Rakas rakkaus,

Voima, viisaus, tieto,
ajaton ja rajaton – kaikenkattava rakkaus.
Kulje kanssani,
valaise polkuni,
näytä missä turva on,
missä koti on
missä rakkaus ehdoton.

Sinun kätesi kädessäni
yhdessä kuljemme
rakkaani.
Sinä, ikuinen valoni.
Turvani ja lohtuni.

Kanssasi saan olla kaikenlainen
haavoittuvainen
vaillinainen.
Sinä olet rinnallani – aina.
Et hylkää milloinkaan.
Tuen annat,
taakat kannat,
potkua persuuksille tarvittaessa annat.

Naurat kanssani.
Pyyhit kyyneleeni.
Lohdutat surussa.
Pidät kädestä.
Opastat.
Autat.
Ohjaat.

Kiitos, että olet.
Läsnä.
Aina.

Perheelleni, sydämessäni.
Rakkaudessa rajattomassa.
Enää en pakene teitä enkä itseäni.
Olen tässä.
Olen tämä, tällainen.
Kelpaan tai en.
Sydämeni avaan
rakkautta kaipaan ja halaan.
Itselleni ehyeksi palaan,
kanssanne kuljen lentäen tai jalan.
Samaa polkua kuljemme
matkaa Itsen lähteeseen
rehellisyyteen avoimeen
armoon iäiseen.

Lokakuussa 2017

3. Keskustelu: Päätöksenteko

17.12.2012

Terve terve.

Terve.

Ja näin jälleen kerran minä muistutan sinua, miten terve sinun ydin mielesi onkaan. Koko ajan, ikuisesti, Jumalan ajatus puhuu lakkaamatta.

Eikös ole loistavaa,
On.
kun itsessä on kuitenkin, vaikka tulisi minkälaisia esteitä ja vaikka välillä kiukuttaisikin, ni se ikuinen terveys on siellä pysyvästi, muuttumattomasti. Jumala puhuu lakkaamatta rakkaudestaan, kaikenkattavasta tiedosta, vapaudesta ja ilosta. Eikös ole helpottavaa, kun se on niin *lähellä*?

Mmm-m, kyllä.

Mutta myöskin siihen tulee vanha kokemus, joka koittaa torjua sen.
Mmm-m.
Eikä näin ollen tarvitse hyökätä sitä vanhaa kokemusta vastaan, koska on tarpeeton hyökätä mitään vastaan. Älä siis lainkaan hämmenny, jos tulee tilanteita, jotka sinä olet juuri kokenut vaan ainoastaan totea: "Kaikki järjestyy, kun siirrän itseni vanhat kokemukset sivuun. Katson onnellisena ja iloisena jokaista uutta mahdollisuutta."

Ja mitä useamman mahdollisuuden näet ja koet, sitä vähemmän se vanha enää reagoi. Eikös ole lohdullista.
On.

Ja nytten ei enää reagoi ollenkaan vanha. Juuri nyt. Eihän reagoi?
Ei.

Vaan ilo vain.
Mmm.

Juuri näin.

Ja näin se on sama juttu kuin niillä lempikengillä. Sinullakin on ollut sellaiset kengät, joista sinä todella pidit. Eiks olekin?
Mmm, varmasti on...
Eikä millään raatsinut heittää pois.
Mmm.
Mutta kun menee rikki ja jalkapohjat kastui.
Mmm.

Niin kuinka helppoa se olikaan ne sen jälkeen laittaa pois.
Mmm.
Aivan sama on vanhassa unien ketjujen epävarmuuden kokemuksessa. Sinä olet niin valmis ja niin halukas vaihtamaan kokemuksesi vapaudeksi.
Mm.

Aloita vaan purkamaan.

Viha, kiukku, voimattomuus, rauhoittuminen, kokemusten jakaminen

Joo. Öö, tossa eilen taas tuli heidän kanssa tämmönen tilanne, mitä usein heijän kanssa tulee. Mä en tiiä, mitä siinä tapahtuu. Mutta se lopputulos tai seuraus on se, että mä oon tosi vihanen ja kiukkunen ja se kiukun pyörä tavallaan pyörii niin voimakkaasti, et mä en enää pääse siitä irti. Tää on oikeastaan varmaan samaa, mitä viime kerralla käytiin läpi, mut nyt tuli taas semmonen vastaava tilanne ja…. en pystyny siihe suunnan muutokseen. En muistanu taas siinä hetkessä, et mitä olis pitäny tehdä vaan se niinku se oma kiukku oli niin voimakas ja sitte turhautu taas siihe omaan tilanteeseen ja voimattomuuteen.

Sallitko vastakysymyksen?

Mmm-m.

Minä tiedän kaiken, mutta että sinä saat itsellesi sen kuunneltua ja
Mmm.
kokemuksena. Sinun lempipaikkasi sinun kotonasi.
Mmm.
Kerro se paikka.

Se on se sininen nojatuoli heidän huoneessa.

Entäs jos se oliskin aina rauhoituksen paikka?
Mmm.

Istun siniseen nojatuoliin eikä ole ainoatakaan ajatusta mielessä.

Mmm-m.
On vain tämä hetki. Ei tarvitse turhautua itseensä, ei tarvitse turhautua suuttumukseensa.

Totta.

Ja tieätkö mitä, älä sitten ihmettele, jos he hämmästyvät, että sinä aina istut siniseen tuoliin etkä puhu yhtään mitään.

Heheheh, aivan.

Äläkä puhu, vaikka he kysyvät. Sano, että "Nyt on minun hetkeni."

Joo, hyvä.

Eikös ole leikkimielistä?
Joo.

Antaa ja saada   malli.

Aivan, joo. Sitä mä oon kaivannu. Jotenki soimannu itteensä siitä, ku on epäonnistunu ja miettiny, et mites tän ois voinu hoitaa paremmin.

Ja nyt sinä saat antaa mallin.
Mmm.   Kyllä.

Anna sille nimeks tähtien tuoli.

Joo-o.

Ja silloin kun he riehaantuvat, niin ei mene aikaakaan, kun sinä lempeästi voit sanoa: "Istutko hetkeksi tähtien tuoliin."
Heheh.   Joo-o.

"Minä tulen viidentoista minuutin päästä."
Heheh.
"Sitten sinä saat kertoa kokemuksesi tähtien tuolin rauhasta."

Aivan.

Katsos, pikku houkuttelulla.
Mmm.
Eikö näin? Leikkimielellä.
Kyllä.   Joo, hyvä. Tota…
Katsos, huomaatko, miten sinulla on jo kaikki?
Mmm-m, kyllä.

Sinulla on tähtien tuolikin.
Mmm-m.   Niinpä.

Tärkeintä on se, että et pohdi mitenkään, mitä tehtiin tai mitä sanottiin.
Mmm.
Jätät kaiken vain täysin taaksesi ja istahdat tähtien tuoliin.

Joo.

Ja näin mielesi on kuin aava meri auringon loisteessa. Eikös kaikki natsaa ja täsmää?
Kyllä.

Siksi maailmaa, kun maailma on kulissi,   niin on erittäin mielekästä käyttää sen kulissia hyväkseen muuttaakseen kokemuksensa.
Mmm-m, kyllä.

Koska hyvää ja pahaa ei ole
Mmm.
vaan ainoastaan muuttaa kokemuksensa.

Aivan.

Korjaaminen, oppiminen, mielentilan sisältö

Mä tota henkilön luona juttelin pitkään tästä koulutusasiasta ja sain siihen uudenlaisen näkemykse ja … se oli tosi hyvä. Ja..nyt siitä on vielä   vähän häntiä jäljellä eli kun tota, kun mä oon nyt menossa sinne niihin kahteen viimeseen koulutuspäivään ja ne on ne näytetuntipäivät. Nii mä nyt mietin sitä, et onko mun järkevää tai pitäiskö mun koittaa korjata ne näytetunti…suunnitelmat uudelleen tai sen mukaan, mitä hänen kanssa on tota käyty läpi. Et jotenki mä en koe sitä niinku mitenkään … ehkä hankalaks, et se varmaan tulee järjestymään, jos niin on tarkoitus. Mutta se ehkä mikä siin on ni toi ..ööö, et mmm..mä ehkä kaipaan siihe ajatukseen, et ensinnäki, et onko mun miälekästä ne   korjata vai menenkö mä vaan tällä … tällä osaamisella sinne näytetunteihin, mikä mulla nyt jo on..ja sitten se, että…..ämmm… nyt katosi ajatus jonnekin.

Hyvä hyvä.
Heheheh

Huomaatko, että   sinulla on rima sitä kohtaan?
Mmm, on

Mutta tarvitseeko nyt-hetken oivallukset ainokaistakaan rimaa?
Ei.

Miksi siis korjata?
Mmm.   Niin. Loistavaa. Se toinen kysymys, mikä oli, nii…. Jotenkin
se juoksee multa koko ajan karkuun. No, ilmeisesti se ei oo nii tärkee.

Katsopas, kun sinulla on omassa työssäsi kokemusta
Mm.
kokeista.
Nii-i.

Mutta kun ei ole ainot… ainokaistakaan asiaa lisää opittavana.
Mmm-m.

**Sillä tekeminen ei merkitse vaan ainoastaan   riemulla löytää
oivalluksen.   Näin sinä voit vain kertoa, että ensin ajattelin
vanhasta kokemuksesta, että täytyy korjata.**
Mmm.
**Mutta sitten sain oivalluksen, että miksi suunnata viattomaan
uuteen hetkeen, koska *koskaan* en tiedä, mitä jokaisessa nyt-
hetkessä on oivaltamista.**
Mmm-m, niinpä, joo.

Koska ei ole tiedon lisääntymisestä kysymys.
Ei niin.

Vaan tiedon irti päästämisestä.
Mmm-m.

**Muodo… koska muoto ei ratkaise, mutta mielentilasi sisältö
ratkaisee vapautesi.**

Eli millä mielellä mä meen sinne näytetunnille, niin se on se, mikä on
oleellista.   Niinkö?

Se on olennaista, että olet iloisella mielellä,
Mm.
jolloin saat oivalluksia ja muistisi palautuu
Okei.

kaikenkattavaan rakkauteen, ymmärrykseen, viisauteen ja hyväksyntään. Muistathan, minä olen sinulle jo aikaisemmin sanonut: "Minä tarvitsen sinua", mutta en oppimaan
Mmm.
vaan muistamaan
Mmm.
rakkauden ja anteeksiannon

Mmm.
itsellesi parhaaksi. Sano vaan H.

H: Niin jos nyt kärjistää, niin vaikka on muodollisesti kuinka briljantti näytetunti.
M: Mmm.
H: Mutta jos sen näytetunnin vetäjä on hyvin kireä,
M: Mmm.
H: niin lapset aistii sen.
M: Mmm.
H: Ja sillon se näytetunti ei mene niin kun sen kuuluisi mennä.
M: Mmm.
H: Mutta taas kun on vapautunut näytetunnin pitäjä,
M: Mmm.
H: niin hän saa kontaktin lapsiin ja se tunti menee, niin ku se on tarkotettu.
M: Mmm.   Niin tai ihmisiin yleensä.
H: Nii, joo.
M: Mmm.

Kaikissa ihmissuhteissa oma syytös itseään kohtaan on kaksiteräinen miekka.
Mmm.
Ensinnäkin sen miekka koskettaa itseä ja toista, eniten itseä.

205

Mmm-m.   Totta.

Tehdäkö vaiko eikö, miten tehdä rauhan tilassa

Tähä samaan vähä liittyy se, ku mul on siinä se yrittäjäkoulutus ja siitä on nyt viimenen … viimenen päivä on helmikuu alussa ja siihe pitäis tehdä liiketoimintasuunnitelma.

Köh

Niin tota jotta siitä yrittäjäkoulutuksest saa sitten

Köh

todistuksen. Et siitä saa kyllä läsnäolotodistuksen, mut jos haluu sen suorittamistodistuksen, ni sit täytyy tehdä se liiketoimintasuunnitelma, mitä mulla nyt ei oikeestaan vielä ole. Niin tota mä haluisin nyt kuulla sun ohjeen tähän. Mitä mun kannattaa tehdä sen kanssa?

Sallitko jälleen vastakysymyksen?
No, anna tulla.

Miksi se pelottaa?

Se tekeminen, niinkö?
Ni?

Mmm… emmä tiedä pelottaako se. Niin no pelottaahan se joo, mut ehkä siin on se, et meneekö taas se aika hukkaan….tavallaan ja sitte se, että et ku siin on semmosia asioita, mitä mä en oikeasti ymmärrä yhtään, että sit jos mä istun siihen, niin mä syöllä-suollan siihen pape-paperiin tai tietokoneelle semmosia sanoja, mitkä vaan on….
No kerropa nyt, mitä et ymmärrä.

Niitä talouslaskelmia enkä jotai kohtia, mitä siellä on. En muista nyt niinku kirjaimellisesti, mut ne talouslaskelmapuolet on vähä semmosia.

No ymmärrätkö sinä oman tilisi
Joo.
ja omat menosi?

Mmmhy.

Eihän se ole yhtään sen kummempi.
Aivan.

Vai onko?
Ei.
Nyt mä muistan sen kysymyksen…heh… mikä aikaisemmin oli eli se,
että kun niit rupee tekemään ja kirjottamaan, niin miten se tapahtuu se
kirjottaminen rauhan tilasta eikä niin, et mä pyrin suorittamaan sen?

**Siten, että sinulla ei ole pelkoa. Sinulla ei ole epävarmuutta. Vain
siten, että onpa miälenkiintoista sanoi noita Nokinenäkin.**
H: Heheh

Eikös juuri sellaisessa mielentilassa, ilolla
Mmm.
ajatukset – kaikki vain tapahtuu helposti,
Mmm.
koska tuskaa ei tarvitse.

Totta.

**Mutta vielä suurempi ydin on siinä, että haluatko sinä auttaa
muita?**
Mmm, kyllä.

Ja eikö silloin maailman kulissia katsota uudelleen?
Mmm.
Tehdään se, mitä maailmassa pyydetään.

Mm. Joo.

**Katsos, se on sinulle äärimmäisen suurimerkityksellinen loppujen
lopuksi.**
Okei.

207

Sen vuoksi, että kun sinä aikanaan aloitat, niin kun sinulla on se tutkinto, niin sinä voit saada siihen avustusta.

Mm, aivan.

Siis selvää rahaa pankista vaan.

Mmm.

Paperia. Tänne vaan paperia.

H: Heheh

Pannaan tuloiksi.

H: Heheh.

Joo.

Eiks oo mukavaa?

On. Näin mä vähä mietinki, vaikka yritän olla kelailematta sinne tulevaisuuteen.

Mutta siitä huolimatta, vaikka mikä ajatus tulevaisuuteen tulisi.

Mm.

Niin merkityksellistä on se, että pelon määrän ei tarvitse milloinkaan kasvaa.

Mm.

Ja kun tekee itse parhaansa, niin pelko ei kasva.

Mm.

Tulevaisuus *saa* tulla.

Aivan.

Eiks oo yksinkertaista?

On. Mut nyt mä huomaan, et mua rupee jostai syyst pelottamaan se tulevaisuus. Ja ajatus, ehkä ajatus siitä et...e-että siis koko ton koulutuksen ajan mul on ollu siitä yrittäjyydestä semmonen pelko, et ku se on mulle ihan vierasta, vierasta ja kuitenki niin kun... muutama vuos sitte ni tuli semmone ajatus, et mitä jos mä joskus rupeen yrittäjäksi. Ja mä en tiedä, mitä pelkoja siihen liittyy. Mä en...niinku osaa...

Mutta sinun mielesi on täysin eri nyt, ...

Mm. Totta

... kun sinun mielesi on luottamuksessa.
Mm.

Niin eihän ne mitenkään voi olla samat kokemukset.
Mmm.

Silloin sinä ajattelit yrittäjyyttä hädän kautta.
Mmm.

Eikö pidä paikkaansa?
Mmm-m.

Mutta nyt sinun ei tarvitse ajatella tulevaisuutta muuta kuin täydellisen luottamuksen kautta.
Mmm, totta.

Muussa tapauksessa sinä laitat minulle remmin kaulaan ja sanot, että "Tule sinä peräs, kun minä menen edellä."
Heheheh   Nii-i.

Sinulle minun ei tarvitse remmiä kaulaan laittaa vaan sinä itsestään tulet ...
Mmm-m.
... perässä *itsellesi* parhaaksi, ...
Aivan.

... *itsellesi* iloksi, *itsellesi* rakkaudeksi, *itsellesi* löytämisen riemusta. Kuka siellä kotona onkaan ikuisesti, pysyvästi ja muuttumattomasti?
Mmm.

H: Onko sulle lukkoon lyöty jo tää ala, tää mitä sä yrittäjänä ajattelet?
M: Äää, siis siinä koulutuksessa on, se on tää kehonhallintakoulutuksen kautta. Et kehonhallintaohjaajille on suunnattu se koulutus.
H: Joo, joo.

Mutta katsopas, se on vain kulissi.
Mmm.
Sehän on vaan kulissi.
Mmm.
Se muoto. Eihän se ole sidottu
Mmm.
ajatukseen. Ajatus voi muuttua koko ajan.
Mmm.
Etkös olekin huomannut, miten äkkiä se ajatus muuttuu.
Kyllä.

Samalla tavalla ajatus voi muuttua. Ydin on se, että jos sinä jätät sen kesken, sinä saat jälleen   yhden maalitaulun, johon tähtäät itseäsi syylliseksi.
Mmm, kyllä.

Eikö pidä paikkansa?
M: Pitää.

H: Sillä mä tein tuon kysymyksen äsken, että … että köh nyt kun toimii luottamuksessa, niin välttämättä ei niin kun tiedä, et mihinkä sitä ohjataan.
M: Mmm, niinpä.

H: Ja sillon…
Ja merkitys on vain sillä, että suoritat sen loppuun. Näin paranet, etkä saa mahdollisuutta syyttää itseäsi.
Mmm.

Miltäs se kuulostaisi?
Hyvältä kuulostaa. Koitetaan taikoo sinne yhdessä sit jotain oikeita sanoja.

Eihän sinne tarvitse taikoa, ku kyllä maanviljelijäkin sen ymmärtää, että ensin pitää kylvää siemenet …
H: Heheh.

… ja sitten vasta niittää.
M: Ni.

Eiks niin?
Joo.

Ensin pitää miälikuvitella tulot ja miälikuvitella menot.

Heheh. Aiva. Mmm-m. Kirjottaa näytelmä valmiiksi ylös.

Juuri näin.
Mm.
No, eikös tullutkin mukava juttu?

Mmm, joo. Eiköhä se siitä. Aikaki on jo annettu valmiiks
Juuri näin.
tehdä se.

Kulje vaan kynä ja paperi taskussa koko ajan.
Mmm.

Ja aina kun tärppää: "Aha, tää tulee siihen. Kirjoitan ylös."
Joo-o.

Eiks oo helppoo?
On.
Nii o, ja kyllä ne jotenki sit ku istuu siinä tietokoneen ääressä, niin ni
kyllä ne sanat sinne vaan tipahtelee.
Juuri näin.

**Merkitys on *sinun itsesi kannalta* löytää *itsessäsi* luottamus ja
varmuus. Ku sa… ku sen annat itsellesi, niin sitä automaattisesti
annat jokaiselle.**
**Aivan   sama,   jos   sinä   tekisit   liiketoimintasuunnitelman
tilkkutäkistä.**
Mmm-m.

211

Se kuulostais paljon helpommalta.

Se on aivan sama sisällöltään.
Heheh.

M: Nii-i. No, tehdään niitä käsitöitä sit tällä tavalla.
H: Mm.
M: Mmm.   Joo.

**Aivan niin kuin laulussa sanotaan: "Eihän tummat raidatkaan ois
mittään, ellei olis kirkkaita raitoja joukossa."**

Mmm. Jeps.

Päätöksen teon vaikeus, analysointi

No, sit mulla on toi ikuisuusongelma, mikä mul on ollu tää, et on vaikee
tehdä päätöksiä ja nyt mä oon huomannu, et se on ehkä rajoittunu tai
emmä tiedä rajoittunu ja rajoittunu, mutta semmosiin niinku pieniin,
näennäisesti pieniin asioihin, että jotenki miettii, et no teinkö mä nyt
itelleni parhaaks ja mikä on parhaaks ja.. ja ja sit on semmonen niin kun
se pikkutytön halu miellyttää ja hhh ja toimii niin kun kaikille parhaaks,
mut ku sitä ei ite nää, et mikä on kaikille parhaaks eli esimerkiks
tämmösissä.. no, esimerkiks ku he tulee kysymää, et "Saadaanko me
ekstra pelejä?" Ja sit mä huomaan, et mä rupeen miettimää ja taas
analysoimaa liikaa niitä asioita, et mä en niinku jotenki osaa ja uskalla
tehdä suoraviivaisia päätöksiä vaan sitte niinku välillä jotenki pyörittää
niitä   ajatuksia ihan turhaan niin tota, mikä siihe analysointii ja siihe
päätöksentekoon niinku selkeyttämiseen auttais, minkälainen ajatus?

Todeta, että luojan kiitos, mä en osaa tehdä päätöksiä.
Heheheh

On loistavaa, että en osaa tehdä päätöstä väärään valintaan, ...
Mm.

... **väärään kysymykseen.** **On loistavaa, että en yksin osaa tehdä päätöksiä. Siis tänään en tee mitään päätöksiä yksin ...**
Mm
... **vaan teen ne kaikki sisimpäni rauhan kanssa.** **En tiedä, mitä minun piti päättää, tarkoittaa sitä, että kaikki ei tarvitse tapahtua silmänräpäyksessä.**
Mm
Vaan ainoastaan sitä, että älä tee mitään päätöksiä niin kauan kuin mielesi on epävarma.

Mites se sitte käytännössä tehdään sillon ku ... Miten siihe niinku annetaan itelleen ja muille se aikalisä? Minkälainen tavallaan ajatus siihe, et jos on ... tulee niinku näennäisesti semmone nopeatemponen tilanne mis tiedostaa, et nyt mä oon epävarma.

Silloin sinä voit todeta, että pannaan mietintämyssy päähän. Odota vähän.
Aivan.

Huomaatko, miten suurenmoista
Mmm-m.
apua se on heillekin?

Todellaki. Niil on vähä mun vikaa ainaki osassa. Heheheh. Joo.

Sanopas H se luku.

H: Mitä?
M: Loru?

Sanopas se luku
M: Luku
"Tänään en tee mitään päätöksiä yksin. En tiedä, mistä minun pitikään päättää."
H: Isossa kirjassa "Uusi alku", luku 30.
M: Okei.

Lue sitä.

Joo.
Käy sitä läpite.

Okei.
Kato, silloin sinulle tulee vapauden   ajatus. Etkä huomaakaan, kun suustasi tulevat päätöksen sanat yhtäkkiä ja kaikki on silloin okei.

Hyvä. Sitä odotellessa. Haha

Älä ta… Älä odota,
Aivan. No niin, just. Hahahah
koska tulevaisuus ei ole vielä tullut.
Taas jäin kiinni. Hahahaa

Ja katsopas se ikuisuusongelma, mikä sinulla on …
Mmm.

… alkaakin tulla näkyväksi, että jokaiseen ikuisuusongelmaankin on ratkaisu ongelman syntyhetkellä.   Ei ole ainokaistakaan ongelmaa, joka ei pidä sisällään vastausta.
Mmm.
Analysoimalla sitä ei löydy.   Huomaatko, miten sinulle tuli valtava halu lakata analysoimasta?
Mmm.
Tuli. Ja kysymys, et miten se nyt taas menikään? Miten siitä analysoinnista päät-päästää irti?
Juuri näin.
"En osaa tehdä päätöksiä."

Ei niin vaan "En tiedä, mikä on minulle ja muille parhaaksi,"
Mm.

"joten ainoastaan toimin jokaisena hetkenä niin kuin minun varmuuteni mielenrauhassa on." Mielenrauha palautuu kolmessa sekunnissa. Eihän oo muuten pitkä aika odottaa?
Ei oo.

Mielenrauha palautuu juuri siksi, että silmänräpäyksessä kun valitsee sen mielenrauhan. Saanko kärjistää?
Mmm-m.

Haluatko sinä olla maailmalle sätkynukke?
En.

Vai haluatko sinä olla itsellesi lempeä ja armelias?

Tää jälkimmäinen kuulostaa paljon mukavammalta.

No, eiks oo mukavaa, ku ei tartte miettiä enää ollenkaan koko analysointia?
Mmm, totta.

Ei muuta kuin siniseen tuoliin vaan.

Mmm.
Vaikka siellä koulussa ajatuksissasi istahdat siniseen tuoliin,

Mmm.
niin ajatus on jo *valittu.*

Kyllä.

Koska vain nyt-hetkessä sinussa on sisimmässäsi päätöksentekijä valmiina.

Olo ei vain helpota, odotus, mennyt kokemus, nyt-hetki

Mites mä sitte niinku voin suhtautua niihin tilanteisiin, jollon niinku muistaa tavallaan antaa ne asiat ja … oo …näennäiset ongelmat niinku korkeammalle viisaudelle. Mut sit tuntuu, et kuitenkaan olo ei helpota tai et näennäisesti ei näytä tapahtuvan mitään ni, mitäs siihe voisi itselleen todeta?

Ettei ole sinun päätöksesi päättää, koska aika on.
Mmm-m.

Eihän mieli pety mihinkään muuhun, kun odotukseen.
Aivan.

Ja voisiko *mitään* muuta odottaa kuin menneisyyden kokemuksien kautta?
Mmm, ei.

Kaikki ne pohjautuvat   menneisyyden kokemuksiin.

Mmm.
Ja kysymyksessä on menneisyyden kokemuksiin armelias katsominen,

Totta.
jolloin herkkyys ja voima pääsee esiin päättämään nyt-hetkessä.

Voisiko tulevaisuutta katsoa millään muulla tavalla?

Eipä voi.

Koska tulevaisuus on koskaan ennen kokematon ja se tuo tullessaan kaiken, mitä ikinä tarvitset ja vielä paljon enemmän.

Koska mennyt kokemus ei ole enää hämähäkin verkko ja vankila

Mmm.

nyt-hetkeen.

Juuri siitä on luottamuksessa kysymys.

Aivan.

Pyhä hetki, odotus, syyttömyys

Mä luin IOK:sta sitä pyhän hetken kohtaa ja … ja ajattelin niinku siihen liittyviä niitä asioita. Taas mul oli siin, huomasin, et mul oli siinäki niinku odotus, että tulis tapahtuu jotain hienoa ja ihmeellistä ja sitten heheh ei tapahtunukkaan niin tota mut et se, että antaa senkin niin kun tapahtua niin kun on ja millon aika on.

Pyhä hetki tapahtuu aina *täysin* odottamatta.

Mmm.

Sitä ei voi odottaa, koska silloin siihen asettaa …

odotuksen.

… riman.

Mmm.

H: Ja sitte, mä oon huomannu, että aika … aika hyvä kysymys on moneen kohtaan, että: "Mikä minussa?   Mikä minussa odottaa? Mikä minussa yrittää?"

M: Joo.

H: Niin tulee aina vastaus, että tää persoonallinen tajunta eli ego, …

M: Nii, joo.

H: … menneisyyden kokemukset.

M: Aivan. Joo.

Sen sijaan riittää, että sinä teet ilolla kaiken.

Mmm.

Itsellesi parhaaksi tarkoittaa juuri sitä, että ei tarvitse koskaan syyllisyyttä kokea, …

Joo.

… vaan olla vapaa. Ja se mikä on itsellesi paras, se on silloin syyttömyys.

Mmm-m.

Niin eikö se ole silloin kaikille   parasta, mitä koskaan voi olla?

On.

Mikä on itselle parhaaksi, päätöksenteko

Välillä vaan tulee semmonen olo niinku tietyissä tilanteissa, ei nyt tuu mitään miäleen esimerkkiä, mut et ei niin kun kuule sitä, et mikä on itselleen parhaaksi. Ni, mitäs sillon pitäis ajatella?

Lakata pohtimasta vaan todeta, että   ei minun tarvitse omaa syyllisyyttäni mitata ja antaa sille arvosanoja …

Mm.

… ja seurauksena on vapaus.

Voisitko sä viäl kiertää ton joteki toisilla, vaiks toi on ihan selkee, mutta joku sellanen suoraviivainen.

Kun sinulle mieleesi tulee, että tässä on nyt iso ongelma

Mmm.

”ja minun pitäisi päättää”   jatka sinä.

Minun pitäisi päättää mitä?

Mitä tahansa, mitä sinun pitäisi päättää.

M: Nyt mä … nyt mul lyö ihan tyhjää. Ei pysty.

H: Niin että miten toimit, kun on iso ongelma
M: Joo
H: ja sinun pitäisi päättää.
M: Okei. Niin, minä annan sen korkeamman viisauden haltuun.

H: Mm. Todeta, että minä en tiedä, …
M: Mmm.
H: … mutta minussa on, Joka tietää.
M: Aivan.

Ja näin kun sinä toteat, että se korkein viisaus onkin sinun mielesi ydin. Niin se vastaus ei voi olla sinusta poissa.
Aivan.

Se ei ole jossain Turkin Timbuktussa,
Mmm.
jota pitää odottaa. Vaan todeta, että minä en tiedä kaikkien tähän asiaan liittyvien ihmisten ajatuksia ja kokemuksia. Jolloin sinä voit todeta: "Auta minua ymmärtämään laajemmin." Siis sinä pyydät vain itsesi totuudelta: "Neuvo minua, miten tää tehdään."
Mmm.
Mutta kun sinä jätät sen korkeampiin käsiin, ne ovat sinulle vielä vähän jotenkin kaukana.
Niin on.

Ne ovat jossain näkymättömissä.

Niinpä.

Ja jossain sellaisessa, että mieli työntää vastaan, että "Pitääks taas olla kiltti."
Mmm. Just niin.

Eikö näin?
Kyllä.

Suorittaminen, auktoriteettiongelma, analysointi, samanarvoisuus
Joo ja ettii sitä auktoriteettia tavallaa, et kenelle tää pitää suorittaa.

Kenellekään ei tarvitse suorittaa mitään.

Mmm, niinpä.

Koska auktoriteettiongelmasta vapaaksi pääseminen on kaiken ydin.

Mmm.

Silloin se ei ole suorittamista. **"Neuvo sisimpäni viisaus minua. Auta minua ymmärtämään tämäkin tilanne laajemmin."** **Juuri sillä tavalla sinä pääset analysoinnista,**

Joo.

syyllisyydestä ja siitä, että voima on sinun ulkopuolellasi

Mmm.

ja sinä olet heikko ja huono

Mmm.

päättämätön, nu… lurjus, nahjus.

Niinpä. Joo.

Joo. Toi oli hyvä, se aukes.

Nyt se sinulle aukesi.

Joo. Kyllä.

Koska sinussa, niin kuin jokaisessa on Jumalan ajatus. Mutta kun sitä etsitään itsen ulkopuolelta,   jostain kaukaisuudesta, jota ei voi käsittää eikä ymmärtää.

Mmm.

Niin, miten se on mahdollista turvautua siihen, jota ei voi käsittää eikä ymmärtää.

Mmm.   Nii ja mistä ei tiedä yhtään mitään.

Juuri näin.   Mutta koska sinussa ja jokaisessa on Jumalan kaikenkattava ikuinen rakkaus,

Mm.

niin voisiko mikään muu ymmärtää viisaammin,   koska jokainen on samanarvoinen.   Ei ole ylempänä olevaa, eikä alempana olevaa.

Mmm.

Mitä enemmän pyydät, sitä enemmän saat   **rauhaa mielellesi, vastauksia ja varmuutta,**

Mm.

koska sinun ei tarvitse pohtia pelon kautta enää mitään.

Aivan.

Nyt aukesi

Kyllä, joo.

ja kuusi porttia kerralla saman siliän tien.

Niinpä.

Vertauskuvallisesti, koska nyt on lukko poissa.

Mmm.

Joo, tää oli iso lukko. Oli hyvä … hyvä saada auki se.

Ongelmien kirjoittaminen ja niiden haihtuminen

Tota, tää ku mä oon kirjotellu aika paljon näitä asioita, mitkä tulee vaan yks kaks miäleen ja sit aina täällä … täällä tai tuolla hänellä tuntuu niinku, että mitäs näistä nyt on järkevää käydä läpi ja mitkä on niitä oleellisia, ku osa niistä haihtuu jo pois ennen kun pääseekää tänne, niin tota…

Koska jokaiseen ongelmaan on aina samansisältöinen vastaus.

Mmm.

Niin kuin olet huomannut.

Mmm.

Merkityksellistä on se, että sinä kirjoitat ne ylös, etkä rupea pohtimaan ja analysoimaan,

Mmm.

jolloin sinä saat kokemusta, että ne ovat oikeastaan jo haihtuneet.

Mmm.

221

Ja juuri se on niiden tarkoitus. Ne pehmentävät ja lyhentävät matkaa totuuteen. Siksi jatka vain. Aina, kun tulee, laita ylös.
Aivan.

Halu saada ymmärrys, avun pyytäminen ja vastaanottaminen

Se ehkä oli semmonen juttu, et sitte ku tota tulee joku semmone asia, mihin haluaa… haluais niinku saada sen ymmärryksen, eikä oo..eikä oo ihan heti tulossa tänne tai hänen luokse niin tota minkälainen ajatus tai …pyyntö siihen? Et pyydänkö mä vaan yksinkertaisesti, et heh mä saisin paremman ymmärryksen tähän asiaan?

Älä parempaa, koska ei ole hyvää, ei pahaa
Aivan.
vaan laajempi.

Koska rakkaus on kaikenkattavaa hyväksyntää. Näin sinä harjoittelet samalla rakkautta.
Mmm.

"Laajempi ymmärrys."

Koska eihä se varmasti oo ajasta kiinni, et millon ne vastaukset tulee.

Mutta jos sinulla on tulee hätä, niin miksi et voi soittaa hänelle tai siskolle tai veljelle.
Aivan.
Sinulla on jo monta apua.
Mmm.

Eihän se ole kuin yksi puhelinsoitto.
Niinpä.

Huomaatko, mikä rima siinä oli?

No, ihan turha.

Niin. Jonka riman tekee,

Mmm.

kun jo tieto siitä riittää, että voi soittaa.

Mmm.

Jo tieto riittää laajentamaan mieltä ja jättämään sen

Mmm.

isompiin käsiin.

Niinpä. Kyllä tänäänkin auttoi kummasti, ku soitti.

Juuri näin. Koska sinä olet, niin kun minä sanoin, sinä olet äärettömän halukas.

Ja siksi aikaa ei ta-tarvitse tuhlata kärsimykseen, miettimiseen ja pohtimiseen. Eiks ole suurenmoista?

On.

Koska sinä olet valmis ja halukas saamaan apua, niin tästä sinä huomaat, että vastaus tulee tavalla tai toisella. Se voi tulla lapsilta luokasta. Se voi tulla opettajanhuoneessa. Se voi tulla huoltoasemalla. Se voi tulla missä vaan.

Kyllä.

H: Joo ja todella niin kun esimes mullakin on puhelin 24 tuntia vuorokaures auki ja aina vastaan puhelimeen.

M: Joo.

H: Mul on sellanen … voi sanoa lahja, että mä voin yöllä puhua puhelun ja minuutin päästä mä oon unessa.

M: Hehe, okei. Hyvä.

Se on vain se, että ei mukamas kehtaa ottaa apua vastaan.

Nii-in.

Vaikka sen pelko kulissoi siten, että ei saa häiritä.
Mmm, kyllä.

Mutta kysymyksessä on se, että ei voi toiselta Jumalan pojalta ottaa vastaan apua.
Mmm.

Koska se on pelon mielestä kerjäämistä,
Aivan.

mutta onko se Jumalan mielestä.

Ei.

Viha itseä kohtaan, miellyttäminen, "mitä muut sanoo", herkkyys
Tänään lähti iso möykky siellä parkkipaikalla liikkeelle.

Minä tiedän sen. Koska sinun herkkyytesi kääntyikin voimaksi eikä enää kiukuksi. Ethän sinä ollut millekään muulle vihainen kuin itsellesi?

En.

Miksi on syytä olla itselle vihainen?

En tiedä.

Se on vanha tottumus, vaatimus, hyväksynnän kerjuu. Mutta voiko yli seitsemän miljardia hyväksyä sinut?

Ei varmaan oo tarkotuskaan.

Ja kun ei kerran oo tarkoitus, niin ei tarvitse olla,   koska se on *pelon* **kokemus.   Etkä sinä pääse pelosta, jos sinä olet sille mieliksi aina.**

224

Niinpä.

Se on kuin hämähäkin verkko. Mutta nyt sinä alat erottaa selvääkin selvemmin, että pelolta et saa koskaan vastausta. Ne on a..mpikieroja kuin visakoivu. Eiks oo?

Niinpä. Todellaki.

Se ei kykene antamaan vastausta.
Mmm eli…
Koska kaikki perustuu ehdollisuuteen ja siihen mahdottomuuteen: "Ei voi olla mahdollista." "No entäs sitten, mitäs sekin sanoo ja mitäs sekin sanoo?"
Mmm.

"No mitäs se kokee, jos minä sanon?" Onko sinun tehtäväsi valita kenenkään toisen kokemusta?
Ei.

Aikataulut, nopeat muutokset, kiireen ajatus, ehtiminen
Mä oon huomannu ton aikataulun, niinku tänään meni aikataulu sekaisi ja tuli se nopee muutos asioihi, nii ne on aina ollu mulle menneissä kokemuksissa ni semmosia vaikeita paikkoja ja niitä paikkoja, mis on pitäny sit suuttuu ja kiukutella ja niin ku tänäänki. Tänään siihen tuli uudenlainen kokemus.

Huomaatko, että sinä et ole aikataulun orja.
Mhy, niinpä.

Se ei voi sinua käyttää. Kerropa, H kokemuksesi, miten sinä *aina* myöhästyit. "*Aina* sama juttu. *Taas* myöhässä."

H: Mmm, nii mulla oli sillä tavalla, että mä niin kun kerroin sitä ja hänellekin aina sanoin, että "Mä en halua myöhästyä."
M: Joo.

225

H: "Mä en halua myöhästyä."
M: Aivan.
H: Ja tuota sitte ku mä noihin piireihin ajoin, niin niin se oli koko ajan kelloa kattomista ja mmöö…jäljellä olevia kilometrejä ja laskemista keskinopeuksia, että kerkeenkö vai enkö kerkeä.
M: Joo.

Kato, se oli egon seikkailua.

M: Mmm, kuulostaa tutulta.
H: Heheheheh, joo ja tuota niin nin, sitte…
(Puhelimen soittoääni laulaa lapsen äänellä: *"Laiteilleen"*)
M: Oho!
(Vastaan.)
M: Mä soitan sulle kohta myöhemmin.

M: Joo, oli.

M: Joo, hyvä. No nii, moi.

Huomaatko, miten vastaus tuli lempeästi
M: Heh, joo.
ja helposti,
H: Mmm.
vailla hätää.

M: Mmm-m.
H: Joo niin ja *Salaisuus*-kirjasta mä sit oivalsin, että ku siinä puhuttiin siitä, että mikä on mielessä, ni se toteutuu.
M: Joo-o.
H: Ja mä oivalsin sen, että.. että tuota mul oli mielessä se et … se myöhästyminen …
M: Nii.
H: … ja se toteutu.
M: Nii, aivan.
H: Ja ku mä muutin sen, että …
M: Ehdin ajoissa.

H: … mä … mä haluan ehtiä ajoissa.

Ei vaan sitä, että sinä sanoit, että "Aikaa on ja mä e-ehin aina ajoissa."
H: Nii, joo..
Ei ole ongelma.
H: … joo ja ja tuota sen jälkeen mä oon ruvennu ehtimään.
M: Mmm.

H: Ja se oli heti ensimmäisen, ku mä sen..sen niin kun muutin
M: Joo.
H: ja oivalsin. Niin siinä tapahtu jopa sellainen, että.. että tuota kaiken järjen mukaan mä en olisi ää.. piiriin kerinny,
M: Mm.
H: mutta mä kerkesin.
M: Joo.
H: Heheheh

Et sinä kerjennyt
H: Heheheh
vaan sinä olit tismalleen juuri silloin, kun pitikin.
H: Nii-in, nii-i.
M: Mmm.

Ja tiedätkö, kun tämä kokemusta ottaa ja käyttää joka kerta
Mmm.
niin se vahvistuu.
Aivan.

Jopa niin, että kun he lähtivät pohjoisesta illalla yhdentoista aikaan.   Niin hän sanoi, että puoli kymmeneltä ollaan aamulla kotona. Se oli minuuttia vaille.

Joo-o.

Huomaatko aikaa?
Mmm-m.

Huomaatko, miten kaksi, kolme tuntia säästyi pitkässä matkassa?
Mmm.

Näin sinun ei koskaan tarvitse kiirehtiä, pitää kiireen ajatusta yllä, koska se on pelon ajatus.
Mmm.
Vaan sinä alat automaattisesti, ilolla valmistautumaan riittävän ajoissa
Mmm.

ja koet kerta toisensa jälkeen vain vapauden kokemuksia.

Kyllä.

Jatka vaan.

Vilu, muutos, lempeys itselleen

Emmä tiedä, onks mulla täs enää mitää jatkettavaa. Onhan täällä näit juttuja, mutta tota täs tulee taas toi maallinen aikataulu kyseeseen ja mietin tota lapsen hakemista, että... Hei joo, yksi asia on, minkä mä haluun käydä läpi ja se on tää ihme vilu, et mul on niinku kolmet housut päällekkäi ja neljä paitaa ja minulla on silti töissä kylmä, niin tota mikä tää homman nimi oikein o? Mites mä saan pumpattua lämpöö itteeni?

Katsopas, kun sinussa tapahtuu niin valtavia muutoksia.
Eikö näin ole?
Mmm, on.

Niin olisiko silloin itselle parhaaksi pitää termarissa lämmintä teetä?
Mmm-m.
Hihih, niinpä. Kävi ajatus miälessä tänään, et huomenna otan termarin töihin.

Juuri näin. Siksi minä vain vahvistin sitä.

Ja riittävästi vaan vaatetta päälle, et ei sen kummempaa. Niinkö?

Paljon kerroksia,
Mmm
silloin ilma kiertää.

Niinpä.
Ohuita, paksuja   kerroksia. Ei ole merkitystä, vaik olisi kuudet housut.
Mmm.
Merkitys on vain sillä, että on hyvä olla.
Niinpä.   Totta.
Mieli on vapaa. Eikö näin?
Niinpä.

Vatsakipu, kuunteleminen, maallinen/henkinen, ajatusten maailma

Ja viäl yhen, minkä sain häneltä loistavia ajatuksia siihe, ku meil o tota niin ni ärsyttävä työmies ja näitä ulkoisia juttuja, mut sit on niinku tavallaan aattelee taas, ku lapsella … sil on ollut vatsakipuja ja semmoisia, niin tota miten niihi aina soveltaa sit tätä ajatusta,   että "Meissä on sama rakkaus ja annan ….   annan tämän henkilön Pyhän Hengen huollettavaksi."

Mites olisi, jos aina kun hänen vatsa on kipiä, niin juttelisit hänen kanssaan: "Mikä sinua jännittää ja mikä sinua pelottaa?"
Mmm.   Joo.

Ja sitten alatte käydä läpi,
Mmm.
jos häntä pelottaa vaikka nyt työmies.

Se on koulussa se työmies, mutta en tiedä, mikä häntä pelottaa. Täytyy kysyä.

Mutta minä tarkoitin vain esimerkkinä.

Aivan, joo.

Olkoonpa se muodoltaan mikä tahansa.

Joo.

Hän saa *mahdollisuuden puhua* sen pois.

Aivan.

Ja sinä voit kertoa, että ei ole mitään pelättävää.

Että jokainen joka suuttuu, niin kuin äitikin joskus muuten,

Mmmh.

niin äidin on vain paha olla.

Aivan, heheheh

Arvaapas, mitä hän sanoisi?

Mmm-m.

Tulisi syliin ja sanoisi: "Minä rakastan sinua."

Mmm.   Joo.

Ei ole maallista eikä henkistä. On vain ajatus, koska maailma on ajatusten maailma.

Mm.

Siksi   älä mene seuraavaan hetkeen vaan ole onnellinen, että saat lähteä hakemaan   lapsesi.

Mmm-m.

Sinä saat. "Minä saan. Minä saan. Minä saan."

Niinpä. Joo, mul on tää termistö viäl vähä muinaisajassa. Mä koitan päivitellä sitä, hehehe...

Ei, s..älä

matkan varrella.

Älä yritä, vaan totea joka kerta,

No niin, taas.

kun aikataulu on, totea, että "Minä saan. Minä saan koko ajan

Mmm.

tehdä ilokseni."

Aivan.

Kaikki on hyvin.

Mmm.

Huomaatko, kun hän sanoi sinulle, että minä autan sinua nopeuttamaan kysymyksiäsi. Nyt ei ole enää ainokaistakaan kysymyksiä, vaan nyt saa mennä hakemaan lapsia

Mmm.

kotiin. Ja kaikki täysin aikataulussa.

Kyllä.

Eiks ni?

Ja näin sinä voit todeta kaikissa asioissa, koska vain sisältö, ajatuksesi sisältö on kaiken a ja o.

Mmm.

Ajatuksen muoto ei ole sitä vaan ajatuksesi sisältö.

Mm.

Voiko suurenmoisempaa olla kuin vaihtaa vapaalle?

Ei.

Suurenmoinen kiitos.

H: Kiitos.

Kiitos.

PÄIVÄKIRJAKIRJOITUKSIA JA

RAKKAUSKIRJEITÄ

Vapaus

17.12.2012

Mikä ikinä se kuorma olikaan,
joka tänään haihtui savuna ilmaan,
taakka, jonka laskin maahan – kiitos!

Kiitos, että uskalsin päästää siitä irti.
Kiitos, että uskalsin laskea sen maahan, ja jättää sen taakseni.
Mikä helpotus, mikä keveys.
Kiitos siitä kiukusta, joka minut tähän ohjasi!
Ihanaa vapautumista!

Minun syvin viisauteni.
Syvä tieto minussa.
Totuus minussa.
Sisin viisauteni, kiitos laajemmasta ymmärryksestä.

Syvä kiitollisuus sulkeutuu sisimpääni
ja lehahtaa samalla iloiten lentoon
kaikille veljilleni nähtäväksi, tunnusteltavaksi, maisteltavaksi.
Toiselle tuo tuntuma kelpaa,
toiselle se tuo sen, mitä he ovat kaivanneet,
eräille se ei vielä aukene.
Kaikelle on aikansa.

Nyt on meidän aikamme
– sinun ja minun –
ota kiinni kädestäni,
kuule kuiskaukseni,
iloitse, riemuitse kanssani,
kuin höyhen tuulessa
– leijaile ja nauti –
lempeästi, kevyesti,
ikuisesti.
Aamen.

♡

Sisään

Astun sisään rakkauden taloon,
iloon, riemuun ja ikuiseen valoon.
Kiitollisuuteen,
armoon pyhään
tunnen sielun rauhaa syvää.

Ihana, helppo hengittää,
luottamus
sisälläni väräjää.

Kaiken syvän liitän yhteen,
sidon ajattoman rakkauden lyhteen.

Huumaava on totuus syvin,
siihen kietoudun rajattomin rakkauden jyvin.

Kiitos ja ylistys totuudelle
nyt ja aina!

Aamen!

Rakkautta saa
ken rakkautta tilaa.
Hengitän syvään
ikuiseen hyvään.
Avoinna on sydän ja mieli,
minne ikuna käykin tieni.
Kiitosta, iloa, riemua saan,
samalla mitalla sitä kun jaan.

Ihanaa ja iloista
jokaista hetkeä
rakas ystävä!

Aarteenkaivaja

Sinulle rakkaus,

Yritän.
Vaikka tiedän, että rakkaus ei yritä – rakkaus on,
minä olen, rakkaus on.

Yritän kirjoittaa fiksusti,
jos vaikka tästä joskus tulisi kirja,
niin mikä sykähdyttäisi ihmisiä.
Itse tarkoitus on kadonnut.
Ajatus siitä, että kirjoitan itse itselleni,
jotta löytäisin, muistaisin, oivaltaisin,
helpottaisin tietäni minuuteen,
todelliseen itseeni.

Huomaan ajatusteni seikkailevan
sinne tänne tulevaan.
Ohjasit tänään minulle naurunapin.
Kiitos siitä!
Kiitos.
Nyt on aika painaa nappia ja nauraa!

Rakas,

Anna vain asioiden tulla.
Nyt tuntuu, että et kuule minun sanojani.

Kaikki sanat tulevat olemaan omalla paikallaan.

Anna sanojen tulla
näille sivuille juuri sillä nopeudella
kuin on tarkoitettu.
Kun huomaat pelkoa,
paina vaan naurunappia.

Ilo kumpuaa sisälläsi ja
pulppuaa ulos kauttasi.
Salli sen tapahtua.
Niin kuin on parhaaksi kaikille.

Rakkaus,

Niin paljon tulee asiaa pois annettavaksi.
Kirjaan niitä ylös aina,
kun huomaan ja muistan.
Asioita nousee
mieleen muistista ja jokapäiväisistä tapahtumista
runsaasti, päivittäin, vauhdilla.

Käynnit Rauhan Rannassa ovat ihania,
ne avaavat ja auttavat eteenpäin.

Silti paljon asiaa jää tai näyttää jäävän läpikäymättä.
Pyydän apua.
Pyydän Pyhän Hengen apua
– antamaan minulle uuden näkökulman
näihin mielen pintaan nouseviin asioihin.

Kiitollisena ja ilolla
otan avun vastaan ja sallin sen itselleni.
Pyydän omalta totuudeltani laajempaa ymmärrystä
joka ikiseen asiaan, jokaiseen hetkeen.
Pyydän kykyä löytää näihin asioihin rakkauden ajatus.
Kiitos, että näin tapahtuu.
Kiitos, että tämä on mahdollista jokaiselle.
Kiitos, että minulla on halu ja luottamus!

– Aamen –

Rakas,

Armo olkoon kanssamme.

Sinun ja Minun ja Pyhän Hengen kanssa.
Jokaisen kanssa.

Iloitsen kanssasi halustasi vapauttaa mieltäsi.

Anna kaiken nousta,
puhdistua ja vapautua rauhaan, iloon ja valoon.

Keinot annetaan heille, jotka niitä pyytävät.
Pyytävälle annetaan.

Halukas on valmis ottamaan vastaan
niin kuin parhaaksi on – kaikille.
Ikuisesti.

Aamen

Rakkaus,

Paljon on asiaa.
Piti oikein tarkistaa, aloitinko viimeksikin näin.
Huvittavaa.

Yritän olla yrittämättä ja havahdun siihen,
että etsin kuumeisesti auttavaa ajatusta.
Etsin apua jostain, enkä vielä koe, että kaikki apu on sisälläni.
Kuulen ääntäsi, yhteisen totuutemme ääntä,
paremmin ja selvemmin kuin aiemmin.
Olen tästä äärettömän kiitollinen.

Silti koen olevani kuin aarteenkaivaja,
joka etsii, kaivaa, tönkii aarretta esiin läheltä ja kaukaa,
välillä aivan vierestä,
mutta kaivaja ei ymmärrä,
että aarre on jatkuvasti siinä missä hänkin
ilman etsimistä, ilman yrittämistä
se vain on.
Miten käsittämätöntä se onkaan.

Aarre ei ole mitään,
mitä kaivaja on luullut sen olevan.
Miten määritellä sanoin rajatonta, puhdasta rakkautta?
Miten määritellä valoa,
joka on aurinkoa kirkkaampaa,
ikuista, päättymätöntä,
valoa, joka täyttää ja valaisee kaiken – ikuisesti.

Kaivaja on pettynyt ja janoinen.
Hän janoaa oivalluksia, auttavia ajatuksia, kokemuksia.

Pelkkä oleminen.
Mitä se on?
Miten sitä ollaan?
Miten siihen antaudutaan?
Miten se sallitaan itselle?
Miten saadaan aikaan tila,
jossa tekeminen ja oleminen ovat sama asia?

Jolloin tekeminen tapahtuu puhtaasta rakkaudesta,
ilman yrittämistä,
ilolla ja riemulla;
valon, armon ja autuuden loistaessa tekijän ja tekemisen ytimestä.

Pelkkä oleminen.
Se on.
Sitä ollaan.
Siihen antaudutaan.
Se sallitaan itselle.
Saadaan aikaan tila,
jossa tekeminen ja oleminen ovat sama asia.

Minä pyydän,
antakaa minulle totuuteni kautta apua
olla rakkaudessa
joka ikinen hetki.
Jokainen nyt-hetki.
ikuisesti.

Aamen.

♡